20 世纪中国图书馆学文库·2

图书馆指南

顾实 编纂

圙 國家圖書館出版社

本书据医学书局 1918 年 7 月版排印

顾倜生图书馆指南序

吾人乘舟浮海国，潝然云兴，勃然风起，惊涛生，巨浪作。乘客失色相向，以为将有倾覆之忧，沉沦之苦也。又况海水所沮没，一望无际，渺尔无垠。天吴睒眒，禽鸟飚忽，鱼鼋撞冲。客于其中，萍飘蓬转，一任其挂罥犇驰，心摇摇如悬旌，曾不能以自主。故不待樯摧橹折，而已嗒然神智沮丧，梦寐为之不宁。回顾舟子，乃凭其驾驶之力，俯仰自如，操纵自得，默识于沉瀁之虚，镇静于霞虹之表，左左右右，循航线以达彼岸，百不爽一。得毋有所谓指南针者非欤。则其于外物也，形也视之而不见，声也听之而不闻。虽波涛之浮满潇漾，如重茵筦席之安。视岛屿之崐嶙崪岘，如翠屏之列，几砚之陈。视百灵怪物之出没而浮沉，如佳花美竹奇石星罗于苑囿林麓之间，咸池六英杂奏于清庙明堂之上。若夫风潮澎湃之音，彼固有不及知者，而何有倾覆之忧、沉沦之苦，而更何震慑恐惧之有！古今图籍繁颐，如茧丝牛毛，亦浩如其一烟海也。安得荟萃于一堂，从客部勒，而研核之。学者当此，靡不望洋兴叹，而与海舟乘客，同抱一感想者矣。我国素号文化，藏书家代有其人。降及明清之间，其最著者若虞山钱氏，甬范氏，粤黄氏，延陵季氏，庐江王氏，人多艳称之。考其所藏，不过如古之曹仓邺架，搜罗海内珍本秘籍，以供私家浏览之用。挽近各省虽有图书馆之设，亦多出入于国文一科，未具足乎哲学之全量。然绳以完善合乎图书馆教育，如法之巴黎，德之柏林，仍百不得一。顾君倜生渊雅君子人也。课余秉

1

其学识经验所得，发明图书馆本末。书凡二十四章，名曰指南。综其大旨有三：曰宗教，曰哲学，曰科学。而其主张人我智识之交换，则以中日书区一类，泰西书区一类。盖必如是而图书馆之由来分明。而图书馆之设为不虚。鼎居恒私谓世之弹琴赋诗，蓄古书法图画者，什伯为群，既不能尽有裨补于生民。他如酒社梨园，尤足縻财帛而败风俗。独此图书馆，实有益而可喜。试举其胪列各法，试之一乡一邑，递进而至于一国。则是编也，而又岂徒如舟子驾驶时握指南针之是务哉。余方将研六经，校诸史，循诵诸子百家之言，泛览东西翻译之籍，与诸良氓共徜徉于耕桑乐岁之余。尚其俟之。

民国七年十月宜黄符鼎升谨序

目　次

第一章　图书馆之由来

　　人之所以异于禽兽者，不徒恃其圆颅方趾，腼然人面而已也。天赋以圆颅方趾，腼然人面之美质，又降方寸衷抱，宰制万有之灵神。抑此灵神之逾于美质，有不可以数量计者。长姣美好，生死无常。惟此灵台神明，圆满常住。其所表现于外者，古称三不朽。则人类求知心之足贵，始也滥觞于一念之求知，终也极至于足以使一个人，或一民族，一国家，与天壤同其不敝。伟乎大哉。西哲有言："物莫大乎心。"是岂一隅之见哉，真东海西海心同理闻之言也。耗矣哀哉，愚民百万，谓之无民，故有四百兆之大民族，而受人宰制，为人鱼肉。彼野心家且傲然命之曰，是四百兆之白痴。（今德皇威廉语，见彼之世界征服一书中）今吾同胞，试自问心，以何因由，受此无上之奇辱，将成莫大之悲运。则一言以蔽之曰，正坐于求知心之缺乏而已矣。惟此求知心缺乏故，而我政府社会，憒焉无光。少数之黠者，营营目前，苟偷旦夕。大多数之愚者昧者，漫漫长夜，不知刀在颈上，死期将至。清季以还，不少有志之士，朝野振倡教育，良为黑暗中之一线曙光。此正所谓提振国民之求知心者也。要之，一国家一民族之目的物，在于与天壤同其不敝。而其目的在于与世界同其进化。是与世界同其进化之所由来，莫之为而为，释迦牟尼曾名之曰无明即源于一点之求知心。浸假而有言语有文字，又浸假而演成竖尽前古横尽大地之以心传心机关，曰学校，曰图书馆。

更鞭辟入里言之,则人类之所以异于禽兽者,恃有语言文字而已。无语言,无文字。无文字,无文明。申言之,由语言文字而后有教学二事也。由教学二事而后有文明也。教学二事,原始必起于母教子学,是以家庭教育在学校教育之先。然则图书馆之由来,与学校教育孰先,现今社会学者尚无定说。以吾人意想推之,图实先于书。孩提之童,触手即乐为无理由之漫画。世界各国之最始文字,均由图形变成。(中国埃及墨西哥三国原始文字历历可考)皆其理证也。自图书之发达,积集而有图书馆之设置,实可谓曰与学校同其起源。何则,学校为教者与学者,先知觉后知,人对人之纵形式关系所成。而图书馆则同时为教者学者使用图书,以人役物之横形式关系所成。一纵一横,互为经纬,不可或废者也。要之,此足明图书馆之重要,与学校同而已。其十分之考据,让之社会学者之研究。请继今而略述我国及世界主要诸国图书馆之由来。图书馆之目的,固在使国民广求知识于世界也。

一我国图书馆之由来　我国自燧人氏立传教之台,将无口说。伏羲画卦,今人谓来自巴比伦之楔形文字。易乾凿度亦言卦是文字神农合宫,黄帝成均,皆学校也。当有图书。故自古诵称河图洛书,三坟五典。(今尧典尚存)典之造字,从册在丌上,丌者,尊阁之也。是即有藏书处所之表示也。禹鼎铸奸,说在山经,实环球公开图书之鼻祖。夏殷衰亡,杞宋文献无征,胜朝无藏书可知。周官外史氏掌三皇五帝之书,则周人自有囊括古今之藏书所在。伯禽封鲁,备物典策,是又有副藏在鲁。穆满西征,观先王策府于群玉之山,则似又有副藏在今新疆于阗。详顾实著穆天子传西征今地考,后稷葬今噶什喀尔河,此周所以有副藏钬其后孔子因鲁而继周兴教,老子居周而西游化胡,今于阗亦见西征今地图书之功伟矣。又墨子周游,载书百车,管商立法,家有其书。见韩非子则私家藏书,亦非不伙,吾先民之爱智,所以有春秋战国之学术思想也。秦火一炬,但烧私藏民间之书,秦纪及史官所藏之书,固未烧也。汉兴,除挟书律,广开献书之路,置写书之官，凡书籍三万三千九十卷，藏于兰台麒麟天禄之阁，石渠石室延阁广内之府，儒臣学者，皆得给笔札，入内观书，扬雄班昭其伦也。至于民间，亦多藏书，匡衡为佣于富室，尽读其书，即一例证。此后但举历朝王家之藏书言之。东汉万三千二百六十九卷，藏于东观仁寿阁。晋二万九千九百四十五卷，藏于秘书中外三阁。东晋三千一十四卷，孝武时三万六千卷，皆藏于秘阁。宋六万四千五百八十二卷，藏于总明观。齐万八千一十卷，藏于学士馆。梁二万三千一百六卷，藏于文德殿华林园。二秦四千卷，北齐三万余卷，藏于仁寿文林。后周万五千卷，藏于虎门麟趾。隋十万三千二百七十八卷，藏于修文观文殿。唐四库八万九千卷，藏于集贤院。又有七万余卷，分藏于十二库。宋三万六千二百八十卷，藏于秘阁三馆。又崇文院三万六百六十九卷，别藏于龙图阁太清楼。元世祖遣使取在官书籍版刻，至京师。明太祖命有司访求古今书籍，藏之秘府，以资览阅。成祖诏修永乐大典，凡南京文渊阁所贮古今一切书，各取一部送京。清乾隆帝敕儒臣编集四库全书三万六千册。经部十类，六百九十五部，一万二百十四卷。史部十五类，五百六十三部，二万一千三百五十九卷。子部十四类，九百三十部，万七千五百六十六卷。集部五类，千二百八十二部，二万六千七百五十七卷。缮写全书四分。建文渊文溯文源文津四阁，分藏之。又缮写全书三分。分庋于扬州大观堂之文汇阁，镇江金山寺之文宗阁，杭州圣因寺行宫之文澜阁。谕士民有愿读中秘书者，许其陆续领出，广为传写。并派员董率其事。设立收发档案。登注明晰。一时称盛典焉。洎夫清季兴学，仿照日本欧美，爰有图书馆之制。宣统己酉十二月批准民国以来，陆续推行，几于所在设置。于是昔之王家民间所私藏书者，寥寥无几。今乃一变而为国立官立公立之图书馆，意在普及。其性质，及目的，自当与昔之藏书大异。然而竟有不尽然者，此则本书之所为作也。昔哥德国人伐波斯，有劝哥将军火图书馆者，答曰否，波人武备不振，消耗精神于故纸，遂致不我敌，正赖此图书馆也，案往古

3

图书，大抵文学的而非科学的，故其嗜好者之国民，往往为质野之武力所征服，我国历朝右文，本以消磨材智之士，蓄有图书，供人阅览，意亦可知，然而在今科学时代之图书馆，则不然矣。

二外国图书馆之由来　是当首举同种同文同种之日本，日本自我国晋武帝太康五年，为彼应神天皇十五年，百济王仁始赍论语十卷千文（钟繇千字文）一卷而往。逮及隋唐通使，浸淫而有汉学。递嬗至于近代，明治维新，学制一仿西洋，爰以其旧幕府之红叶山文库昌平学文库，初移为浅草文库，后集诸藩学校图书，网罗内外物品，皆移储上野公园，称帝国图书馆，藏书数十万卷，逐年增添，数且倍徙。入馆观览者，日恒盈座。此外，公私图书馆遍布国中，民智广开，非无故矣。

其次当数西洋，一部西洋史，还从东方史起，故图书馆亦首数埃及，当中国周初，耶稣纪元前二千年，埃及王哈西曼地亚斯，藏有古书，不可胜数，毁于亚述人侵入之一炬，仅余金石文字，今尚存有可考者。次则希腊之雅典城，有第一图书馆，创于耶稣纪元前之五百四十年。为波斯王攻入，取书东归，藏波斯书库中。后希腊人复夺回，又为罗马人取去，而再还之于希腊。希腊得埃及最有名之亚历山大城一图书馆，积藏图书七十万册，亦半毁于罗马人之兵劫。寻经补充二十万册，耶稣五百四十一年，亚拉伯人侵入纵火，存者无几。自是惟亚拉伯人有藏书十万册或二十万册者。罗马在耶稣纪元前之三十八年，罗马王创立第一公用图书馆。寻又在巴拉丁山上，创私用之巴拉辣丁图书馆。其妹哈达味亦创哈达味图书馆。拉丁文大名家济载隆，亦有私蓄之图书馆。此后罗马强盛之际，计国中设有图书馆一千一百余所，储藏二千余万册，惜国亡时，概为战乱所破。今罗马华隶刚大院尚有手抄书籍二万五千册，细写宛若蝇头，珍惜不啻鸿宝，尤为各国所不可多得云。时当欧洲中古民乱，上下无学，赖天主教士及修道人，得以维系一线学术于不坠，古籍亦得仅存。一千四百五十三年，土耳其攻取亚历山大城，希腊文士不能居,逃回欧境。明年,得我国传入西洋之印刷术,争起仿效,著述日繁,欧洲书籍为之大进。迄今欧美列强,藏书富备,不可谓非印刷术之赐。印刷术之东化西渐,为中国人三大发明之一。据一千九百十一年十二月二十二号巴黎新汇报载,核计各国藏书之图书馆,及卷帙之繁夥,谓奥国有大图书馆五百七十七处,书籍五百四十七万六千册,法国图书馆五百处,计书四百五十九万八千册,意国图书馆四百九十三处,书四百三十万册,普国图书馆三百九十八处,书三百二十四万册,英国图书馆一百六十九处,书二百八十七万二千册,俄国图书馆一百四十五处,书九十五万三千册,此外之藏书家尚不与云。其数然否,姑置勿论,要足以明图书馆者,文明之利器也,未有不能利用此利器,而能使其国日趋于开明强盛者也。

参考　二十三年前德国图书馆之统计。德意志全国有图书馆一千六百〇九。藏书总数二千七百万册。每年购书费一百二十万元。又七八年前调查,日本全国图书馆之数一百二十七,书籍约一百七十万册。视德国尚远不如云。一国图书馆,与外国图书馆相为联络,最为便利。欧美两洲,至相接近。种种事项,无不便利,图书馆亦然。德意志各联邦,固所勿论。即与奥意比荷瑞士瑞典等国,无不直接联络。设其书为德国图书馆所无,而荷兰图书馆有者,但发一邮书,荷兰图书馆迅即寄至。他国亦然。而各国之于德国,亦无不然。德于英之坎孛里治恶斯佛两大学,则由英之学部相联络。一千九百〇六年调查。是年伯林官立图书馆与他联邦及外国互借贷之图书,约计五千册焉。

图书馆通信所,德国亦于一千九百〇五年设立。为伯林官立图书馆之附属事业。凡各图书馆检寻不得之书籍。但出费五分,即可检得所有之处,便利特甚。今方编纂各处图书总目录,以后当更编他国图书馆目录。普国政府每年支出临时费一万五千元,十年合计十五万元,事成。一般之人当尤形便利矣。抑吾又闻某君之言曰,吾国派遣西洋留学回国言教育者,系统且茫然,遑论其他。

使无东邻为之先导,则我且不能有教育。此其言似有偏倾。而吾之为言,乃更有进,则东邻日本利用我汉字,彼中书籍,与我国书籍,往往相提论。此在社会学上及殖民政略上,纵为我国一般人所不能了知,而孙子所谓知彼知己之战略谈,非夫人而能了知之者耶。吾为此惧,彼知我,几于洞见垣一方,我不知彼,无异长夜之鼾睡。以此民智,鸟可以言对等,乃至言亲善。故本书亦主张彼我智识之交换,以中日书为一类,西洋书为又一类,内容之大干如此。盖必如是而后我国图书馆之由来分明,实为世界潮流之所鼓荡产出。苟仍不能有相当之适合与肆应,则犹之乎未有图书馆也。

第二章　图书馆之必要

　　默察我国今日教育界之趋势,学校经营而外,又添一种图书馆之设备。此皆自清季兴学以来,次第取法日本欧美之见象。凡有教育理论,以及一切施设,逐渐进行之结果。较彼为我所效法之先进国,犹未足以追随后尘。然而反顾我初兴学之际,只知教育即学校,学校以外,更无所谓教育者,其思想之幼稚,不已较胜一筹耶。虽今日大多数之入学校者,犹只知入学校毕业,则教育之能事已终。而绝不计及学校以外之教育,尚有图书馆之教育存在。然自世运之演进,摩荡相逼而来,亦既今之识者,渐知学校教育之范围而外,别有图书馆之价值无穷,而提倡其必要。政府法令之规定,办事者热心遵行之筹措,此可征诸年来各地图书馆之设立,而识知其大概。则此多数之国民,亦岂终古不化者哉。

　　今兹就学校而外,何以故更有图书馆之必要。则教育也者,正有不能以卒业学校为完了之理由。并教育之成果,必学校图书馆两者,互相辅助提挈而始可期。此当论者一。既认图书馆之必要,然何以故,目前之不见进步,其事业不发达之理由安在。此当论者二。

　　第一,学校以外更有图书馆必要之理由　夫教育之种类虽繁,不越自育他育两大别。在学校受教于教师,偏倾于他育者也。在图书馆自力修养,偏倾于自育者也。二者不可偏废,而自育之价值,固有较他育,更可贵者矣。此所以一国之民,不问曾入野蛮之私塾,文明之学校,或少壮自励,抑或耄老好学者,皆有入图书馆之必要。当在学龄幼年,之无未识,尤赖教师教诲,而无自力之可言。更稍有进者,书足自读,便克自力。苟自是而有与以图书馆之机会,因所利而利之,意至美,法至善也。申言之,吾国今日学校未遍,教育未普,有幸而入学校者,有不幸而未入学校者,而皆得入图书馆,则一律平等,无幸不幸可言也。夫入学校者,时期有限,终不得不离去学校。一旦离学校,远教师,得以自己之判断,选择良书,以自己之资财,购求有用之典籍,且贮藏之家庭者,无几人也。则虽曾入学校者,亦当入图书馆。是不与未入学校者,当入图书馆,适平等耶。盖图书馆对于入馆者,无男女之别,亦无老幼之殊,备藏个人所不能搜集之中古今外图书,凡一登图书馆,而观览其中,即得广接硕学大家之言论,坐睹殊邦异域之风物,或考古英雄之功业,或察前贤哲之事迹。从而于不知不识之间,修养精神,扩充知识,高尚品性,自然受良好之教育。又因图书馆无阶级之分,故虽出身最下级者,苟属有志,亦得自由入览,以补教育之不足,增进各自关于职业之知识。不似学校教育,自小学中学以至高等专门,叠级而上,所费不赀,虽在天性聪颖之好学者,苟无相当之学金,仍不能受高等程度之学问也。是以图书馆之不拘程度深浅,能使大多数国民,咸得受普通以上之教育。其功绩之足以比学校,有过之无不及。虽亦须征收些少之观览费,然决不若学校学金之多。凡因学金不敷,或他故障碍,而不能由学校上进者,视图书馆之存在,即可额手而庆无上幸福之存在,欧美各国所谓图书馆必要之第一义者,不越乎此也。故斯他林周朋氏有言曰:"既投大宗金钱于小学教育,而吝些小费用于继续学校教育所必要之图书馆,是为山九仞而功亏一篑也。"文明国有教育之国民尚若是,况吾国教育半开,正赖社会教育为并力之猛进。凡曾入学校,或未入学校,而稍识之无之无数失学者,因无就学之机会,不能享受世界人类相当之幸福,岂非可悯之甚。正宜随地设有图书馆,广藏有益之书,以普劝

8

若辈入馆修习。美国傅兰克林幼年失学，后专自读书修养，遂为天下有数之杰士。以是彼确信图书馆之必要，而发起费府图书馆组合，为美国图书馆之鼻祖，使人永慕不忘。又如安特流加内尼初不能受学校教育，仅假富户之藏书，利用劳动之余暇，以资自修。后得志为世界屈指之资本家。因夙有志设立图书馆，以教养不幸之人，现今每年捐金数十百万圆，促进各地方公共图书馆之普及。之二人者，皆从图书馆立身成名，并能不忘其本，可谓善能介绍图书馆之利益于世界人类者矣。抑何必欧美人之成名者，吾古往时车胤囊萤，孙康映雪，匡衡凿壁，李密挂角，凡历史上之以得书自修成名者，胡可偻指而计。即隋唐而还，科名既兴，谁不以十年寒窗，自修苦力，博得青紫头衔。最近科学震眩世人，宜若非学校，将一无所成。然而吾乡先达徐建寅之化学，华衡芳之算学，跻登世界发明家之列。日本有世界发明家全图可证乃至国人今犹可奉为矜式之绍兴钟观光泰兴程璋两先生，皆籍图书研究，各以理化博物驰誉，未尝入学校也。或者犹疑吾说，不免乡墟而国拘，则日本欧美，正有一种博士头衔，奖励研究有得之学者，不尽出身学校者称博士也。彼必以学校之文凭，为学问之证据，宁不有类小儿之得饼自眩耶。况更证以吾人之闻见，吾国人之入日本欧美学校者，教室课绩，往往不如彼国人，而退而自修，则殆莫有及吾者。由此言之，则吾国人得书自修之能力，或且为世界第一。此尤愿吾国图书馆之普设，拭目以观吾国人之成绩者也。要之，吾国当此学校未普，民智青黄不接之际，为此一切救时之谈，乃至为万年国基之图，均有图书馆之必要。虽异时学校既普，学校之能力，足以到达普通以上之程度，亦其所及达之范围，自属有限。而图书馆者，正所以补其所不足，达其所不及，以完成一国国民之教育者也。故自今以往，十年乃至数十年，为吾国人所亟宜尽瘁于图书馆之设置也夫。

第二，我国目下图书馆事业所以不发达之理由　前言足征以学校为惟一之教育机关者，纯属清季，始兴学时之过去思想。苟在今日,稍有思虑者,当无不认学校以外之一大教育机关,确有图书馆之存在。然而目下图书馆实有种种不发达之原因,如下。

（1）物之障碍　吾国非文字难晓之困难,而实文调难通之困难。吾人曩时亦尝谬随废文字者之妄论,逮广习日、英、德、法、俄、罗及爱司倍朗之合音字（梵、番、满、蒙、回、朝鲜,亦皆合音字,均略研究）则吾知文字者,随语言而发生,有如何之语言,即发生如何之文字,无异影之随形,响之随声也。西洋诘屈语,而用罗马字母,日本粘着语,而用假名,中国独立语,而用汉字,习惯之使然,已成第二之天性。日本前文相高田早苗及大隈伯,力主废汉字者,然而不能也,可见习惯之深重如必谓中国文字困难,而合音字便利,则何以英美法德俄同用罗马字母,不用罗马文,而必各自用其国都所在之土语。盖罗马文已为死语,各自国都之土语,为活语。死语难晓,活语日习。不独活人当用活语也。此非文字难晓而文调难通之遍世界绝对的证据也耶。又如必谓中国文字困难,而人民不易识字,则何以白话体之小说,无师自通,文言体之诗书,师教难成。正以文言体为往古死语,白话体为现世活语,不独活人当说活话,在活人而说死人之话,固无往而非登天之难也。此非文字难晓而文调难通遍国中绝对的证据也耶。吾人游于太平洋大西洋一对之三岛国,读其新闻杂志,即闻其出诸口之声也。是以觉其人民之诵诗读书,因语言而认识文字,驾轻就熟,不劳而成,其行所无事,不啻吾国人之嗜读白话小说也。因不禁涕泗于反顾吾国历朝民贼帝王,沾沾于右文稽古之盛治,直无异养成斯民尽为法律上之准死人也。迄今考古一部,原不可废,然必往古死语之国文,现世活语之国语,并途分化,不为死语之国文教育所专制,而后可也。此则国家百年之大计未定,而图书馆亦受莫大连累之影响。要之,无国语教育,则无学校。无图书馆,无中华民国。沧海可以回流,吾言不易矣。

（2）人之障碍　此有三因,一言以蔽之曰,无图书馆之知识。盖吾国人关于学校,已费少许之经验研究,似颇有相当之知识,小

10

中大学之如何，一若犁然有一定之界限，对其施设经营，颇多矫矫之专门家。反是，而对于图书馆，则不免所见极为暧昧，无异清季初兴学之际。以为非名宿资望，不审古板之书，不悉目录之学，则不胜图书馆之任。亦或以为非教育新人，学校专职，宿有学识经验者，不能胜是业。是则思想之更进一步矣，然而其失惟均。何则，名宿之儒，调取官书，保存古籍，则有余。此可以为私藏古书之图书馆长，而不可以为国立公立之图书馆长。学校新人，亦未见其有图书馆之知识。吾人所在考察，细研究竟，当无不了尔。盖吾国人对于图书馆知识之混沌，国立图书馆如何，地方图书馆如何，通俗图书馆如何，专门图书馆如何，总不能审辨其各具固有之目的任务。是以对于通俗图书馆而要求国立图书馆之效用。对于国立图书馆，而期望通俗图书馆之功能。彼此混同，演出滑稽可笑之事不少。此虽东瀛三岛之士夫，犹且引以自病。何况吾国人既鲜自见之明，更深自大之癖。此我国图书馆事业所以不发达之第一因也。假令亦非无有相当之见识者，能解图书馆之种类，及固有之目的任务诸端矣。然而果能就其目的任务，有相当之实际知识，胜任而愉快者，仍恐未易得。故当觉图书馆之必要，投巨资而设置之，并不首先着力于选择馆员之是急。徒置重于建筑诸问题。内容之图书，则取诸偶然得来，或赖诸方之捐赠为已足，而并不商量其集书（图书之集合）之真价。又所谓主任者之馆长，多以因地方之有力者，往往推举不适当之人。美其名曰图书馆，实则不啻一种有害无益之企业而已。此我国图书馆事业所以不发达之第二因也。又次，会逢有适当之主任者，能熟察地方之状况，审观时势之推移，思欲有所经营规画，以热诚图书馆务之发达。乃其地方之当局有司，不解图书馆在社会教育上之位置，常以为不急之务，削减必要不可缺之经费，动辄违反其馆设立之旨趣，若有阻碍其发展之倾向，亦吾人之所屡闻。此我国图书馆所以不发达之第三因也。

综上之物人二大障碍，不独图书馆为然，而图书馆亦何必不然。或有疑吾国图书馆,经营未久,且经济空乏,而病吾说之为太早计者。此则未审乎万事之前提,在于民智。民智进步,乃幸福之大源。而兹二大障碍物者,在在为民智之蟊贼。苟一日不摧陷廓清,则虽有无量数之金钱,亦经营图书馆至百千万年,而终于幼稚无状之程度而已。况夫世运如驶矢,曾不与吾人以少停之机会也哉。

第三章　图书馆之效果

图书馆者,就其本身之所对,而显呈成效结果者也。如国立图书馆,因其馆之自身为国立,而对于国家,显呈成效结果。公立图书馆,因其馆之自身为公立,而对于公众,显呈成效结果,是也。准此以推,无难了尔。兹列现代美国图书馆界之名家曰窦那氏所著图书馆管理法中,胪举图书馆赋与社会之利益六种,以实吾说。如下。

第一　图书馆者,开世人安慰的读书之途者也。盖社会多数之人,终日尽瘁于业务,蹙迫于生计。苟得仅少之余暇,一翻文豪之小说。则一切现实之困苦烦恼,都付烟消云散。无异暂游仙境,而得其心神之安慰。然使依如此安慰的读书标准,向上发展,弃恶劣之情绪,而日就健全高尚者,图书馆也。

第二　图书馆搜集文学技艺化学及其他凡百之图书,使各种之研究者实务者,得以独学自修,完成其业。

第三　图书馆搜集专门大家之图书,介绍其思想,关于政治上及经济上之诸问题,足为舆论之中心,及时论之方针者,故为政治的及社会的教育。易言之,图书馆者,训练市民者也。

第四　图书馆不仅为知识之宝藏,并可为修养之道场,俾在各自品性之陶冶,阅读必要稳健之图书,有足资涵养如是之美风者。

第五　图书馆若管理得宜,则为抵抗无益有害之茶坊酒肆,最有力之事业。使国民不向彼消磨有用之光阴,直至此而为有裨之学习,可贺孰甚。尤以天性爱好读书修学之儿童及青年,不幸在家庭学校两无求学之机会者,为唯一无二之修学场也。

第六　图书馆永为学校教师之补助者。即供给必要之图书,示以价值及使用之途,以教其在家庭修练之便,或令成就读书组合之计划。且复提供有关演讲之图书目录,尤与讲师等以莫大之利益。盖图书馆者,与大学扩张事业同盟者也。于大学则为讲授,于图书馆则为供给图书,故市民得此,而始有理想的大学之观也。

盖就一切图书馆而综言其效果,皆于种种职业,有莫大之裨益,而普通图书馆尤称最。对于政治及经济的行动,稳健主义之普及,且赋与一般公众,以知的修练之资料,涵养其趣味,使之高尚纯正。此诚美利坚共和国民之高见,而吾民国国民所当勉力步趋者也。窦氏所言六种利益,可谓要言不烦。虽吾国今日图书馆之萌芽甫启,未有成效之可睹,然而不能不悬一格,以求诸三年五年之后也。

第四章　图书馆之种类

图书馆之种类，为着手经营图书馆者所首当审辨之事项。兹因其供一般公众阅览与否，又因其程度上之差异，及维持方法上之不同，得分之为数种。

（一）因供一般公众之阅览与否，分图书馆为公开图书馆，及非公开图书馆二种。

（甲）公开图书馆者，为对于一般公众，使阅览其藏书之图书馆也。自国立图书馆始，以至各省府县市乡立图书馆，皆属之。

（乙）非公开图书馆者，为非对于一般公众而开之，乃附属于某特别团体，或系一个人所私有，不在其利用者之限，不得阅览其藏书之图书馆也。诸官公署，诸学校，诸学会，附设之图书馆，皆属之。

此二者，从根本上异其目的。其置备图书并设备，亦大有相反。例如多数之非公开图书馆，为官公署及学校附属之图书馆等。其对于阅览者，仅限于署内及校内之人等，无如公开图书馆，对于一般公众，严重取缔之必要。是以得随阅览者之便，自由出入书库，无甚妨碍者居多也。

参考　德国农工商会议所，附属图书馆及私立图书馆，如商业农业工业各会议所，至尽力于教育事业。建种种实业学校，而各所皆有附属图书馆。商业会议所，则集商业上之书籍杂志，以贷于商家之学徒，及普通商人。农业工业两会议所，亦各备农工业所需之

15

书籍杂志，以惠其人。此外私立图书馆，非常繁多，不可胜计。

（二）从程度上之差异，分类图书馆，如次。

（甲）儿童图书馆

（乙）

广义普通图书馆
一名通俗图书馆
又名国民图书馆

$\begin{cases}(1)\text{简易图书馆（市乡立图书馆）}\\ \quad\text{（小学校内附设之图书馆之类）}\\ (2)\text{狭义普通图书馆}\\ \quad\text{（省县道市乡立图书馆之多数）}\\ (3)\text{稍具参考图书馆性质之普通图书馆}\\ \quad\text{（省县立图书馆，市立图书馆之大者）}\end{cases}$

（丙）

参考图书馆
一名广义高等
图书馆

$\begin{cases}(1)\text{普通参考图书馆稍具普通图书馆之性质}\\ \quad\text{者（省立图书馆，高等学校附属之图书馆}\\ \quad\text{之类）}\\ (2)\text{特别参考图书馆（学校附属图书馆，各专}\\ \quad\text{门学校附属图书馆及高等程度之工业图}\\ \quad\text{书馆教育图书馆之类）}\\ (3)\text{高等参考图书馆（国立图书馆，大学附设}\\ \quad\text{图书馆之类）}\end{cases}$

（甲）儿童图书馆者，自程度上而言，当然为最低，系专搜集儿童用之图书，使以简易之方法阅览之。且常开有益多趣之展览会，谈话会等。将为小国民，养成读书趣味者也。此种独立之儿童图书馆，今尚极少，多以普通图书馆之一室充之，或附设于小学校内。

（乙）普通图书馆者，即所谓通俗图书馆，以获得普通知识，与涵养道义心，为目的者也。细别之，则如前表所示：(1)为简易图书馆,(2)为狭义普通图书馆,(3)为稍具参考图书馆性质者之三种也。其中之(3)，系类似普通参考图书馆者。夫普通图书馆中之小简易图书馆，专以馆外贷出为主，他(2)(3)两种，除在馆内阅览外，行馆外贷出，应于地方之状况，则更不可不采用巡回文库之

16

便法,以图为能动的图书之利用矣。

（丙）参考图书馆,主搜集高尚之图书,以资凡百学术技艺之讨究,亦称曰高等图书馆者也。其管理之方法,凡如次。

一、图书之搜集,因副前陈之目的,当在经费所许之限内,一般参考书之外,兼及珍奇高尚之各种参考书,并大部图书,均当酌量置备之,以便学者之研究。又熟考地方之状况,如在工业主要之地,则置备关于工业之图书,美术兴盛之处,置备关于美术之图书,又有搜集关于其地乡土史料之必要者。

二、既为参考图书馆,则其中藏书之贵重者,及有永久保存之价值者不少。故宜造特别坚牢之书库,以豫为火灾等之防备。

三、又因以馆内阅览为主,故宜备广大相当之阅览室,善为暖房灯火之设备。

四、若行馆贷出时,除贵重书,昂价之图书等,不令贷出外,宜限于有复本,而无妨于馆阅览之若干图书。此用意,在国立图书馆,尤为紧要。即比普通图书馆之贷出,大有制限,以严重取缔为宜。藏书约曰,亲友借观者,有副本则以应,无副本则以辞,正本不得出密园外。是从前私家藏书,无复本者,亦不贷出也。

参考图书馆虽比普通图书馆,经营上大有不同。然图书馆本无如学校之阶级制度。在高等与普通之间,非有确凿之区别。故当因其地方之经济状况。参考图书馆,亦不妨添加普通图书馆之性质,置备通俗平易之图书,以供馆内外公众之阅览。是所以在前表参考图书馆中,亦区别为(1)普通参考图书馆也。

（三）最后从维持方法上之不同,分类图书馆,如下。

（甲）官立图书馆 { (1)国立图书馆
(2)行政厅及官立学校,附属之图书馆

（乙）公立图书馆 { (1)省县道市乡村及公共团体直辖之图书馆(总称之曰公共图书馆)
(2)省县道市乡村及公共团体所有学校等附属之图书馆

$$
（丙）私立图书馆
\begin{cases}
（1）学术协会、教育会、实业协会、职业组\\
\quad 合、俱乐部等私设团体所立之图书馆及\\
\quad 私立学校附属图书馆\\
（2）个人创办者
\end{cases}
$$

上表中特当说明者，为（甲）官立图书馆中之（1）国立图书馆。

国立图书馆　国立图书馆者，从第一类别而言，属于公开图书馆。从第二类别而言，属于高等参考图书馆。此图书馆之特质，在于以国税维持之，及在其国出版之图书，不问何种类，皆当整顿保存之，以尽其便学者随时研究之任务。故凡国人新刊之书籍，俱有令其献纳一部之权利。如英国之博物馆文库，法国之国民图书馆，德国之王立图书馆，美国之议院图书馆，日本之帝国图书馆，其办法大抵皆同也。此国立图书馆之经费，各国俱支出多额之资金。如英美两国，一个年之经费约达百万圆。

参考　德国二十六联邦中皆有王立图书馆，即官立图书馆也。普鲁士之王立图书馆，在伯林大学旁。建筑壮丽。藏书一百二十三万册，写本三万四千册，杂志七千种，以一千六百种储之阅览室，备阅览者自由取阅。馆员总数九十五人。年需经费约三十七万元，内添购书籍者五万四千元。普制，凡书肆新出书籍，必捐赠官立图书馆一部，捐赠该处大学一部。而普鲁士大学凡十一。此十一大学各附有图书馆，必当各捐一部。总捐赠之书籍，每年约二万元至二万三千元。其发行之书籍，非常繁多，约计每年总数。德意志一国，直与英法美三国相埒。一千九百〇五年调查，出版之杂志，约五千七百种。新闻约一万二千种。惟此数不第德国，凡瑞士、奥大利、匈牙利等一部分用德语之国，皆包其中。设将前述书籍尽数购置，需六万元。故其图书馆，每年所增书籍，合之捐赠各种，几及三万三千册有奇。据日本最近之统计，帝国图书馆年增书籍一万五千册，尚不逮普鲁士官立图书馆之半也。一千九百〇八年以来，普之学部始设图书馆会议，委员四名。伯林之官立图书馆

18

长，为委员长。每年开会两次，以议馆中重大问题。又有准官立图书馆，虽非官立，规制大抵从同。计普鲁士共五处。哈诺巴、哥塞尔、威林巴顿三地，前本为独立国，有官立图书馆，其后附属于普，而由国库补助。五处共约金三万七千元。哥塞尔图书馆藏书四十万册。视日本之帝国图书馆，规制略同。而在德国图书馆之闳大如此者，盖不可胜计也。

美国华盛顿之国立图书馆，藏书一百五十万册，写本九十万册，较诸伯林之官立图书馆，藏书百二十三万册，写本三万七千册，相去悬甚。每年购书费，伯林仅五万四千元，此为二十万元。美制，凡发行之新书籍，亦必令出版者各捐赠二部。每年美国出版之书籍，不下万册，计价约四万元也。

国立图书馆之目的，主在搜集保存本国古今之图书纪录，自不待论。并搜集保存有用之外国图书，为本国人钻研学术技艺之资，且供诸征求前代文化之用。犹之其他之地方图书馆，为一地方文献之中心，而此则为一国文献之中心。故可为学者之研究所，著述者之参考机关者，中枢之国立图书馆也。

国立图书馆既如前述，主搜集中外古今之图书，为一国文化之中心，有便利一切学者及研究家之性质。故此图书馆，殆无选择图书之必要，不别高深卑浅，俱宜收储保存。非独近应现代之需，且以远供后世之用。所以须以国家之力经营之也。

既以图书之保存为主，故贵重书及无复本之图书，概亦以不贷出馆外为主义。欧美各国之国立图书馆，一方非有相当之资格者，不许入馆，同时又一方，对于已许登馆者，务必丁宁恳切，图其便宜，图书贷付之制限等，俱极宽大，是以学者亦得安然从事于读书也。

参考　德国二十联邦中官立图书馆，即国立图书馆，其书籍无论何人，皆得入读。共出借之法，借者如为官吏教员，则无需证人，径得借归其家。普通之人，须由官吏教员证明之，借期以三星期为限。书籍以十册为度。伯林以外，亦援此例，邮费报纸，由本人自办。过期不还者，以书促之，犹不还者，托巡警督促之。犹不还者，则告诸裁判所。实则由巡警督促者有之。诉诸裁判所者无有也。一年之中，阅览室纷失之书籍，不过二三十册而已。

美国华盛顿之国立图书馆，借书时用一种器械，非常迅速，以其机件捺印后，其器即由自动之组织，向馆员处进行。既得书籍，则又自动而至原处，故其时间，速则三分，迟亦六分。如其书检寻不即得，为时至十五分者，则可促之。便利无逾于此。馆中所备新闻，计一千五百种。陈列于新闻阅览室约三之一。杂志约七千种，陈列于杂志室者亦二千五百种。室之阔广可知矣。闻此图书馆又为盲者设特别阅览室。备车以便盲者由市径至馆中。阅毕，又各自馆送至其家。美政府特出金二十万元。为盲者编辑书籍。设编辑所于坎塔基之盲人学校。凡各处盲人学校需书者，即寄赠焉。

德国惟汉堡有盲人图书馆，盖以盲人读书，皆用默字。故卒业盲哑学校者，欲更读书，苦无书籍，即有，价亦至昂，情至可悯。是地特为盲人设一图书馆，而此馆之书籍，肆中辄赠送焉。

国立图书馆之任务，既如前陈，故阅览者之人数，亦不敢以多为夸。纵令过于少数，然若真能活用其图书馆者，即足矣。

要之，以上各种图书馆，其目的任务，各不相同。故为其管理者，当随各馆之本领，力图其特色之发挥也。若不然，而于普通图书馆，仿参考图书馆，于国立图书馆，学普通图书馆，是岂第阻碍图书馆之发展，反以使世人致疑图书馆之效用为无当也。

第五章　图书馆之创立及经费

图书馆之创立　创立图书馆,有种种方法,或公开小学校附属之图书室,为儿童图书馆,或以为校友会青年会等事业,利用小学校之一室,设简易图书馆,或以教育会及他团体搜集保存之图书为基础,并因个人团体等之捐助金,创设参考图书馆、普通图书馆等,俱无不可。虽然,欲为社会教育机关,发挥最良图书馆之效用者,其创立及维持,断不能不待诸国家及省县道市乡村等之公共体团。近年欧美各国建设之图书馆,概系公力设立。其维持之费用,且出于法律,许可一定之课税也。

图书馆以自身有俨然特殊之目的,故其创立之动机,非必借端于他事也。然若有相当便利之机会,如以纪念大事件,或大人物之事实,从而企图图书馆之设立,亦固佳事也。例如遇有国家的,乃至地方的种种嘉仪盛典之纪念,又或对于不世出之英雄豪杰,永久宣扬其功业,或为忠勇义烈之声名,传诸不朽,皆可为建设图书馆之机会。其所纪念宣传之事实,得图书馆而真有具体的表彰。图书馆亦因此类事实而确获不变不渝之保持也。故在欧美诸国,因种种纪念而设立图书馆者颇多。有如美国某富豪,捐助巨万赏金,求冠其姓名为图书馆之题额者,此虽稍异于大事件大人物之纪念,然不越夫使其人于百年之后,名尚存留,犹之一种纪念也。况夫图书馆不能无题名,假令建立当时,有人捐助极多之赏金,即以其人姓字,为馆名之一部,亦断难谓曰为好名者之所为,而排斥之。何则,彼人为戈戈之名,而所献于社会者甚大,有永久无穷之利益,则又何靳于戈戈之名而不畀也。

馆长之选任　图书馆之设立,既经决定,则当局者,首当选任精通图书馆事业,且有实际之经验者为馆长,或其事务处理者。凡关于建筑之设计,图书馆之选择,经营之方针等,必要先听此人之意见。虽在往昔,有以出稍多之俸给,任用馆长,一见若甚不经济者,然事实决不然。盖图书馆之经营管理,全属专门事业,非有实在之知识技能者,决不能当此任。若于创立之初,一切委诸无经验者之手,则经营管理之方法,一经遗误,其不利益,不经济,有永不可恢复者在。是以世有于设立图书馆之顺序,先亟亟于建筑之设计,图书之选定,最后乃及于馆长之选任,一若成为惯例者,实颠倒本末之甚者也。

评议员之选任　欧美之制度,市及其他公共团体,决定图书馆之设立。当事者从其地方之公民及议员中,选出图书馆评议员若干名。如图书馆创立基金之管理,馆员之选定监督,图书馆规程之制定等,殆付与关于图书馆之一切权限。我国制度尚未及此。然设评议员为咨询机关,于图书馆之经营,固甚多裨益者也。尤以当图书馆创设之际,最为必要,虽评议员之组织,因所当创立图书馆之规模而不同。大要其员数,五六人乃至二三十人不等。从省县会议员、市会议员及公民中,选出适当之人,省长县知事或市长嘱托之,时开评议员会,审议重要事项,是或一道也。

图书馆之经费　方创立图书馆,当首先决定者,经费问题也。图书馆之经费,得大别之为二:(一)创立费、(二)经常费。

(一)创立费　亦曰开办费。研究此问题,于省县道市乡村等,设立公共图书馆时,有二种情形:(甲)凡用几许之创立费为相当。(乙)一定之创立费中,凡当支出几成(即几分之几,以十计曰成,以百计曰分,一也)为建筑费、设备费、图书费等是也。依次略述如下。

（甲）创立费预定之标准　例如今有人口十万之都市，欲在此都市，创立一规模相当之公立图书馆者，要几许之创立费，则其算定金额之标准，有下记之二法。

（1）以境内之人口为标准者　美国公立图书馆藏书之标准册数，其图书馆为专供图书馆所在地附近之用者，对于人口每二名乃至五名，须藏书一册。供境内全体之用者，对于人口每十名，至少藏书一册。若据此为标准，则在人口十万之都市，设立图书馆，须以可收藏图书二万册乃至五万册之图书馆，其规模乃为相当。由是核算建筑费设备费等，得定创立费之全额矣。

（2）以维持费为标准者　维持费，亦曰经常费。英国勃朗氏云，图书馆之创立费，以人口为标准而算定之，无益也。不如以图书馆税之岁入额，即维持费为标准而算定之。今应于岁入额之多寡，而算定表示其相当之建筑费，如下。

岁入额 磅	公债偿还金 磅	建筑费 磅	设备费 磅	建筑物容积 立方尺	建筑物面积 平方尺	藏书收容数	阅览人收容数
一、〇〇〇	二五〇	三、六〇〇	四〇〇	七二、〇〇〇	四、四一二	三四、〇〇〇	三〇〇
二、〇〇〇	五〇〇	七、二〇〇	八〇〇	一四四、〇〇〇	八、八二四	六八、〇〇〇	四〇〇（连分馆）
三、〇〇〇	七五〇	一〇、八〇〇	一、二〇〇	二一六、〇〇〇	一三、二三六	一〇二、〇〇〇	六〇〇 全
四、〇〇〇	一、〇〇〇	一四、四〇〇	一、六〇〇	二八八、〇〇〇	一九、二〇〇	一三六、〇〇〇	八〇〇 全
五、〇〇〇	一、二五〇	一八、〇〇〇	二、〇〇〇	三六〇、〇〇〇	二四、〇〇〇	一七〇、〇〇〇	一、〇〇〇 全
一〇、〇〇〇	二、五〇〇	三六、〇〇〇	四、〇〇〇	七二〇、〇〇〇	四八、〇〇〇	三四〇、〇〇〇	二、〇〇〇 全

（表中一磅约合我国十圆）

虽然，创立费者，因地方之特殊状况，或当时设立之情形，大有增减。若一概算定之，殆无益也。尤以前记英美人用之算定标准，未可直移以为我国公立图书馆创立费之算定标准，无俟言也。惟超离特殊之情形，而为抽象的思考，则在一都市设立相当之公立图书馆时，凡需几许创立费之问题，吾人为何供具体的决定创立之参考，特绍介之耳。

（乙）开办费中各项费用之分配　次当考创立费中,建筑费、设备费、图书费、事务费等,应各占全费中几分之几,方为相当,即各费之如何分配问题。此亦因图书馆设立之情形,不能一定。欲概要的算定之,颇形困难,今试定一大体之标准,示如下表。

创办费总额 圆	建筑费 圆	设备费 圆	图书费 圆	事务费 圆
五〇〇	三〇〇	一〇〇	五〇	五〇
一、〇〇〇	六〇〇	二〇〇	一〇〇	一〇〇
五、〇〇〇	三、〇〇〇	一、〇〇〇	五〇〇	五〇〇
一〇、〇〇〇	六、〇〇〇	二、〇〇〇	一、〇〇〇	一、〇〇〇
五〇、〇〇〇	三五、〇〇〇	七、〇〇〇	五、〇〇〇	三、〇〇〇
一〇〇、〇〇〇	七〇、〇〇〇	一〇、〇〇〇	八、〇〇〇	一二、〇〇〇
一五〇、〇〇〇	一〇〇、〇〇〇	二五、〇〇〇	一〇、〇〇〇	一五、〇〇〇
二〇〇、〇〇〇	一四〇、〇〇〇	三〇、〇〇〇	一二、〇〇〇	一八、〇〇〇

备考

（一）图书馆建设地,为使用公地者,故土地购入费,不列入表中。

（二）建筑费与设备费,性质上难为严格之区别。实际有互相通融之必要。

（三）本表中最初三项（创立费五百圆、一千圆及五千圆者）图书费之额甚少者,以从中央图书馆,受巡回文库之转送者而算定之。

就创立费中之图书费,有当注意者:一、图书馆开馆以前,金额之全部,已悉备图书,匆遽一时之间,购入之结果,必误图书之选择。又一、有醉心于图书费之充足,务一局部之庞大,不得已而削减他项必要之费用,皆甚大之误计也。此际不如留图书费之几成,以为维持费,而保留之,为得策矣。

图书馆创办费之得自捐助金者,亦须出以同一之注意,即考虑图书馆将来维持之方法,若有必要时,则当提出捐助金之一部,为

24

基本金而保存之。使计不出此,而全数消费于建筑设备,是宏大之建筑,虽得一朝设立,然因维持费之不足,无可活动之余地,不使他人特地捐助之金,返诸无效,不止矣。美国安特留加内尼氏,因其所捐助于图书馆者,已有二千种,金额几及一亿万元以上,故氏于此出捐助之际,附有条件,须使受捐助之都市,捐助图书馆基地,且又为契约,使负担相当于氏所捐助金一成之金额,作常年之维持费。夫必有如是之用意,而始可得完成捐助之效果也。

(二)维持费 维持费得大别之为薪俸、图书费、需用费三项目,此三者,果以如何分配,方为适当,下略述之。

第一、薪俸为图书馆经常费中最重要之一项目,然迩来我国真能理解图书馆之目的效用者甚少。大都信所谓图书馆者,不过如其名称,收藏书籍之所。惟图书实为其最重要之成分。若掌管图书之职员,无论如何皆可,所以图书馆之经费中,但使薪俸与需用费极小,图书费极大,即足以成就图书馆之经营而有余。是诚最大之谬见,可恐之妄想也。尤以在普通图书馆,与其但增加藏书之数,宁以增进藏书之利用,遥为紧要。何则,图书馆者,非图书万能,乃馆员万能之谓也。故薪俸为经常费中最重要之项者,以此。

第二、就图书费,概算一年间,购求所发行之图书全部,凡需几许之用费,则据日本帝国图书馆报,载所收注明定价之新刊书,一年间之总额,三千圆乃至三千六七百圆。故算作图书费约四千元,大略可于一年间购求所发行之图书全部矣。(但此殆为一年间新刊书总购入之豫算。若在新刊书中,仅购入自己馆内所适用者,则三千元以下二千元以上足矣。)

第三、需用费者,与图书馆之积极的活动范围扩张,共当然增加者也。若普通图书馆设置几多之分支馆,及配本所,或开巡回文库,谋增进图书之利用者,则比参考图书馆等,其需用费之支出,自较为巨,岂得已哉。

此薪俸、图书费、需用费三项,实际如何分配乎。试就英国图书馆,观勃朗氏所作下之图书馆岁出豫算表,可见大概之倾向矣。

岁入总额	偿还借金 及利息	维持费总额	薪　俸	图书费	杂　费
磅	磅	磅	磅	磅	磅
三、〇〇〇	七五〇	二、二五〇	一、〇〇七	七九〇	四五九
二、五〇〇	六二〇	一、八八〇	八七七	六四〇	三五八
二、〇〇〇	五〇〇	一、五〇〇	七五七	四八〇	二六三
一、五〇〇	三七五	一、一二五	六〇四	三三〇	一九一
一、〇〇〇	二五〇	七五〇	四五六	一八〇	一一四
五〇〇	—	五〇〇	二五四	一〇五	一四一
一〇〇	—	一〇〇	四〇	二二	三八
平均百分率		一〇〇	四九・一	三一・三	一九・六

备考　英国创立图书馆之际,其建筑费、设备费,概以借款充之,故有每年由岁入中偿还之制度。原表于支出费项,加此偿还额。然以我国无此制度,为彼我比较之便宜,故以岁入额中,除去偿还额之残额,视为维持费总额。得对之而求薪俸、图书费、需用费之分配也。

据上表,则英国之图书馆,对于维持费总额,薪俸占其百分之四十九(即四成九,下类推),图书费占百分之三十一,需用费占百分之十九零。

若美国之图书馆,则雷德氏根据其国六十图书馆报告、调查之结果,对于经费总额,图书费占百分之二十三,新闻杂志费百分之〇五,装订费百分之十,三项共计百分之三十八。又就此六十图书馆中一切设备等,得推定为标准图书馆者,凡十五馆,而调查之,图书费当经费全额百分之二十八有零云。

又据一九〇八年,伊诺克不辣特图书馆之报告,平均美国主要都市所有市立图书馆,十八馆之经费中,各费之分配,对于维持总额,薪俸占百分之四十六,图书费百分之二十一,零用费百分之三十三云。

26

以上为英美图书馆维持费中各费之分配。回顾日本各图书馆之分配如何，今就维持费一万元以上之公立图书馆，如日比谷、大阪、京都三图书馆，根据彼大正三年度之预算，以求薪俸图书费需用费之平均分配，得薪俸占百分之四十三、图书费百分之二十七、需用费百分之三十一之比例。又就维持费五千元以上，一万元以下之公立图书馆中，如石川、山口中、神户、冈山、奈良、熊本六县，而调查之，则薪俸占百分之三十五，图书费百分之四十五，杂费百分之二十。

要之，维持费中，各费之分配如何，虽因图书馆规模之大小，种类之相异，难以一定，然以薪水占百分之四十（四成）、图书费、需用费，各百分之三十（三成）为标准比例可也。

简易图书馆维持费豫算 道市乡村等公共团体之设立简易图书馆，约需几许之维持费。此问题，实际屡遭人之质问者，我国尚无标准可言。兹据日本佐贺图书馆之伊东平藏氏所调查者，略示豫算案之概要，如次。

（1）建筑物，不出租费，使用公共团体之所有房屋。图书则受自中央图书馆之转送者。

共金三百圆 计开		经常费总额
科　目		备　考
第一、报酬、薪俸及杂给 金百七十一圆	圆 主干一人　　一〇·〇〇	主干者殆因名誉职，得上记之谢礼方可
	事务员　　一二〇·〇〇	豫估一人，因于情形，月额七圆一人、三圆一人亦妥，但以减员数，置专任者为宜
	出纳生、洒扫 　人等辛工　三六·〇〇	
	旅　费　　　五·〇〇	因馆事便宜，置出纳生兼小使亦妥

计开

		圆	
第二、图书及装订费 金五十一圆四角	图书	一八·〇〇	豫估二十册购入　一册九角
	杂志	一五·〇〇	豫估五种豫约　一种平均三圆
	新闻	一四·四〇	豫估三种豫约　一种四圆八角
	装订费	四·〇〇	二十册分装费及补缀费、但豫估 一册平均两角
		圆	
第三、馆　　费 金七十七圆六角	搬运费	八·〇〇	豫估借入巡回文库二期,三个月
	通信费	三·〇〇	留置,一个之往返八次,一次搬运
	修缮费	三·四〇	费五角
	备品费	六·〇〇	
	印刷费	五·〇〇	
	文具费	二·〇〇	木炭三十篓　　一五·〇〇
	消耗品费	三二·二〇	电灯十烛光二盏　一四·四〇
	杂费	一二·〇〇	纸类其他　　　　二·八〇
	豫备费	六·〇〇	

（2）前述之简易图书馆,若不能受巡回文库之转送者,则更须经费如下。

金一百六十二元　每月平均十五册,一年共百八十册之购入费。

金一九元　　　　百八十册之四分一,即四十五册之装订费

金一百二十元　　因馆务复杂,为事务员之增薪额。

此即于前项之经费中,更增加三百元,经费总额约当陆百元也。

（3）以小学校,青年会事务所等之一二室,充阅览室,但受自巡回文库,而供人阅览者。

共金八十圆 计开		经常费总额
科 目		备 考
第一、日给 杂给 金四十七圆	圆 事务担当者日给 　　　　　三六·〇〇 临时雇费　　八·〇〇 旅费　　　　三·〇〇	委嘱青年会干事、教员
第二、图书费 金八圆	圆 杂志新闻费　八·〇〇	
第三、馆费 金二十五圆	搬运费　　　五·〇〇 通信费　　　二·〇〇 文具费　　　二·〇〇 消耗品费　一〇·〇〇 杂费　　　　六·〇〇	

　　由是观之,可知能以极少额之经费,经营简易图书馆矣。故因于地方之状况等,则与其希望开始即创立大规模之图书馆,宁姑设立此种小规模之简易图书馆,俟其效果已为一般公众所认,而后更计及扩充之策,亦未为不可也。

第六章　图书馆之职员及其职务

吾既言之矣,以近世图书馆之倾向,不但受动的应付社会之要求,更在进而大企能动的图书馆之活动。故近时图书馆之发达,皆认图书馆之成分中,职员之重要,比图书及建筑物,遥为重大。所以每当图书馆员之任用,要费充分之考量也。

图书馆员之资格　图书馆之业务,实属一种专门事业,其经营管理,常要特殊之知识及技能。故欧美诸国或设图书馆学校,或开图书馆讲习会,或在师范学校,课生徒以图书馆学,务以种种方法,养成关于图书馆之专门的知识。所以非有此专门的素养者,无为图书馆员之资格矣。

参考　德国图书馆员之养成法,别无图书馆学校,惟哥丁弆大学有别科,教授比德曼讲图书馆学,讲图书馆历史及演习馆中各种事项,将来愿为图书馆员或执业书肆者,则就学焉。门占亦时开图书馆讲习会。又馆员之资格,伯林官立图书馆与大学图书馆十一所之馆员,俸薪甚薄,而所需资格至高,非卒业于大学,有博士之资格者,不中选。更上则须经高等文官试验第一次试验及第者,或在中学校教员试验及第者。医学须经医士试验及第者。犹各须试用二年,复经图书馆员之试验合格者,方得录为图书馆员。

然在我国既未有此特种之设备,除在于已设之图书馆,曾积有经验者外(此经验尚至浅薄),别无途可以学习此关于图书馆之理论的实际的知识。而吾前尝言当图书馆创设之际,委其管理于无专门的知识之门外汉者之手,则适为图书馆,贻以百年之殃。以此之故,当选择馆员之际,尤以其馆长,不可不就斯业,有相当之理论的知识,且通晓实务者,为必要之第一条件。此外如精通古今图书而嗜好之,曾受高等教育,明白教育一般事项,富有常识,对于各方面事情,俱有相当之理解力等,皆为图书馆员不可缺之资格也。

以上尚只主于知识的方面,述图书馆员之资格。而优良之图书馆员,待诸其生成之德性能力,又有大者。勃朗氏曰:"卓越超众之图书馆员,非造作成者。乃天然生成者。"至哉是言。

第一、图书馆员必须有亲切且快活之气质,此在指导员、出纳员等,直接接触阅览者之馆员,尤为必要。因是,诸馆员与阅览者,亲切相对商谈,所为指导,适当与否,实关系其图书馆之盛衰也。盖李氏云,为小图书馆之助手者,纵令不明古文书,又不知日俄战争之原因等,而能丁宁恳切,不惮烦劳,富于职务之趣味,具有精励快活之气质,此即最必要之人矣。第二、图书馆员必要广储各方面之知识技能,已如前述。实际即谓图书馆员,无论何种知识与学问,皆当具备。而如斯其博览洽闻,正因平日精于观察事物,注意周到,且判断力之敏活,而始得之。惟此观察注意判断诸力,不免因各人之素质而悬殊耳。第三、图书馆员最重要之一资格,为处事诚实。诚实处理事务,本在一切职业,皆极重要。兹似无特说之必要。然须不绝注意周到绵密之图书馆业务,一些小之怠慢失误,成将来莫大祸障之根者不少,所以不得不一言之也。

图书馆员之职务 分述于次。

(甲)图书馆长 图书馆长者,亲自管理图书馆之总务,指挥监督馆员,谋全馆之统一,并常努力讲求图书馆活用之法,即广征公众之意趣,洞察社会要求之所在,为相应之施设。又务使公众能亲爱图书馆,而利用之,是也。质言之,图书馆者,社会教育之一大机关也。有使一般社会,增高风尚,启发知能之任务。故为之管理者,无徒迎合俗流之嗜好,当更进而出善导之方策也。

（乙）图书馆馆长之下，置若干科，分掌其事务，即正式之分立者，如下。

（一）目录科 （二）采办科 （三）收入科 （四）藏书科 （五）装订科 （六）出纳科(阅览科) （七）庶务科 （八）会计科

以上八科中。（一）至（六）主关于图书之处理，普通称属此诸科者曰司书。以与属（七）（八）之庶务会计科，称书记者相区别。而此八科具备者，唯大图书馆能之。若普通图书馆，则因事务性质之类似，顺序之接近等，可将采办科从属于目录科之下。收入科（有时亦从属于目录科之下）及装订科，从属于藏书科。会计科从属于庶务科。即通例设置四科如左。

司书部 { 目录科—兼采办科(有时并兼收入科)
藏书科—兼收入科装订科
出纳科(或称阅览科)

书记部：庶务科—兼会计科

但兹为避说明上之混杂，仍就前记八科分立之情形，述各科所职之大要。其中庶务会计二科，以非图书馆所专有，略之。

（一）目录科 目录科所主之任务，如对于购入，并捐赠之图书，调制其书牌（Card）及关于整理统计此等书牌之事项，关于编成目录之事项，关于解题图书之事项，关于选择准备应购图书之事项等。夫图书馆之能绍介藏书于公众者，主要在目录，故此科之任务，极重要也。所以在职员中，除馆长而外，此科之主任，最占要位，通常以司书长充之。

（二）采办科 采办科之任务，如其命名而明，主关于采办应购图书之事项也。夫图书之选择与采办，以有密接之关系，两者须常保联络。故在普通图书馆，不设采办科者，常由当选择图书之任者兼任之。盖虽选择图书之最后决定者，为馆长，然其准备事务，为目录科所为，故在普通图书馆，此科通例系属于目录科也。

采办图书之注意 当采办图书馆，其正式者，先在一定之采办用书牌,依次记明(一)书名、(二)著者、(三)编数卷数或册数(此尤为必要)(西文书则(一)著者(二)书名(三)编数卷数又册数)、(四)出版地、(五)出版年月、(六)版数是亦时有必要、(七)装订、(八)大小、(九)发行所名称(采办新刊书时,有先明记此发行所之必要,实际但明发行所与书名,则其余皆可从略)、(十)价目。其略式者,但以一定之用纸(裁落纸亦可)记明(一)书名(二)著者(三)编卷数(四)版数(五)册数(六)发行所而已。每月一回或两三回会集之,依文字笔画多寡,先后排列(东西文书则用假名及字母),核对馆内之藏书目录,调查其有无重复之后,经馆长之点检,决定购否,购者乃向书肆采办也。但是有极当注意者,即上述之核对重复否也。若此核对而有粗漏,则将重复购求馆中已有之藏书,及既经书肆发出之后,以重复故而退还之,极形困难。若其书价巨,且阅览者少,则更浪费有限之图书费也。故不可不注意于勿有已经购入之图书,或数卷中之一两卷者。须据种种之调查材料,充分检查之。不但不可重复,虽缺本亦不可有。此所以采办科尤贵有注意周到,记忆强固之人任之也。此外尚有为采办科所当留意者,如下之诸点。

一、最急用之图书,不待多数会集,即用电话等,采办之。

二、购求旧刊书时,全与新刊书分离,另行采办之。

三、图书虽有价目折扣,然专置重于是,必致得品质之劣者。

四、装订有真装与假装两种者,必择真装者购入之。

五、除事汇及翔实之丛书类外,凡豫约书,必节省其定购。

(三)收入科 收入科之任务,掌已经购入而到着于馆内之图书,关于其查收之事项,关于收受捐赠图书之事项,及记入此等图书于原簿等事。若不特设此科者,由藏书科或目录科兼任之。然实际此科,除记入原簿之用务外,其现物之查收等,可由处理自然物品购入之会计科为之。

图书收入之注意 收入科当于已购入图书之实物,到着馆内时,先与采办图书之请求书对照,认其无误而受领之。次则每册仔细检点,注意纸页之有无脱落颠倒等。若无有者,然后押捺藏书印,及收入日份印等。藏书印,至少须备大小二种。大形者押于卷首。小形者押于卷腹卷尾及重要之插图。收入日份印,押于卷首或卷尾,皆须有一定。如系捐赠之图书,则除此之外,更须以记入捐赠者名之小票,贴附于前表纸里<small>表纸者,旧曰书面,亦曰书皮,中国装之书脑在右,西洋装之书脑在左,故表纸之前后互易凡纸背曰里,前后表纸各有其里,此为前表纸之里也</small>。由是而缓和装订,使之开阖自由,又截断未截之纸页使不为阅览之障碍也。

最后以收入一切之图书,登录于图书馆财产目录之原簿中,是一定之顺序也。但当此登录原簿之前,先记入必须登录之事项于书牌,为实物之代表。以此书牌,整理图书之后,适当编排之,以为基本,即可机械的誊写登录于原簿中,甚便也。若不由此间接之手续,直从实物,乃至采办目录等,直接登录于原簿者,转形混杂,而有妨登录之进行耳。虽此书牌,系一时之假定物,然造作关于收入之诸般统计,亦得兼用之。其记入事项,须确与原簿记入事项同一。原簿之记载法,须简净、明了、正确,不可有一点错误。原簿之样式虽不一定,然记入条项之必要者,为收受年月日、登记号数、函架号数、书名及著者<small>(西文书则先著者而后书名)</small>,出版地及出版者、出版年、册数、大小、装订、价格、摘要等。每一行录入一部图书,每一页有一定行数,可便于部数之核算等事。

(四)藏书科 藏书科以关于整顿及保管图书之事项,关于整理书库之事项,及统计藏书之事项等,为其主要任务。

图书馆之唯一财产,及为其活动之唯一材料者,购入及捐赠之图书也。将此图书,及成于目录科手中之事务用书牌,咸受取之,依其指定之分类,及图书之大小、装订之种类等,决定图书排列书架之位置,贴附函架笺,记入其图书之所属函数号数,此际该图书事务用之书牌,亦记入同一之函数号数,图书安置于书库内,此书牌复还诸目录科之手。藏书科之作函架目录,不但为本科之用,兼供事务室各科之用。此目录,用书簿式(记入式)帐簿,记载务要简明,止于函架号数、书名、著者(西文书则先著者后书名)、版数册数而已。每一行必记入一部,每一页之行数,定十五行或二十行,便于部数之核算(其西文书名之长文者,可适宜缩写之)。

夫如是而图书之收藏手续告终局。无论何时,可应阅览人之要求,而出纳之矣。

(五)装订科 装订科所主之任务,为关于修理装订图书之事项,关于分缀杂志、讲义录等之事项。在不立此科者,常由藏书科兼任之。且图书馆中,以阅览者多,图书甫放入后,半个月乃至一个月,比于一个人五年十年之使用,更易破损。故多数之图书馆,于馆内雇专门之装订师,使从其事。

装订之注意 装订科当常致力于图书之修缮,不可懈怠。若不然而任其迁延,则有非常之损害来矣。始乃页数编数,粉散遗失,终乃至全册亦不复为用也。故宜为应当修缮之图书,豫作修缮簿。凡见有破损之本,即记入其函数、号数、书名、册数,送交月日等。当交付于装订师时,每册挟一纸票,记其图书应添入文字之添法、装订体裁等(或口头说明,令其注意)。装订既成,与图书同归还于装订科。图书从装订师,归还之时,须仔细检点之后,查对修缮簿,记入归还月日,终乃收藏于书库。又杂志当前号完结之际,订本之时期既至,应添附表题纸(书籍中记书名及著者等之一页)及索引。使装订师除去广告之页,前表纸之不破损者,各缀入于其可置之处。又收容未装订本之际,记入其图书于装订簿。而交付于装订师之手续,同于前述修缮本之手续。但此多先置于函架,而后及之,故转不要烦琐之手续耳。

(六)出纳科(又名阅览科) 出纳科以关于出纳图书之事项,关于图书带出馆外之事项,关于设备整顿阅览室、指导阅览之事项,关于统计阅览图书及阅览人之事项,关于监督出纳生之事项等,为其主要之任务。图书之出纳,务贵敏速,本不待言。此外,则科员对于阅览人,犹商店贩卖者之对于顾客,务须注意于丁宁亲切,给与满足。此科员尚有一重要之职务者,即指导阅览者是也。凡在图书馆,限于不开放之书库,任何备极完全之目录,亦难于充分示阅览者以图书之内容,又有阅览人欲调查研究某一种事项,而不知当阅读何种参考书者甚多。于此之际,苟有精通馆内藏书之科员,为亲切之相谈,指示适当之图书,是诚与公众以莫大之便利也。故欧美于大图书馆,有专设之指导科,于小图书馆则馆长自当其任者不少。其次,则为出纳科之手足(故亦谓之曰出纳手),有曰出纳生者,以年在十二三岁乃至十五六岁之儿童充之。专出入书库,直接为图书之出纳,阅览人得图书之迟速,一视此出纳生之敏捷与否,故其练习极为重要也。

要之,图书馆之职员,不问其担任,为何种事务,无一不须费多大之尽劳,及周到之注意。而此尽劳注意二者,殆全隐于内部作业之方面,其英华之发于外面者极少。有欲为图书馆员者,求职于斯业,不可不先熟考自己之志操,果能堪此性质之职务否。非如因一时就职之困难,不得已而获此为糊口之途也。

第七章　图书馆之建筑

　　图书馆之建筑,于图书馆之作用及活动有密接之关系。其良否如何,亦足以操纵图书馆之盛衰。盖一切种类之建筑物,皆以坚牢、美观、使用上便利之三要素为宗旨。此三者之平衡调和得其宜,觉尤于图书馆建筑,更为切实紧要。

　　今就现代之意趣,对于图书馆建筑设计上之要求,列举之,凡如下。

　　一、图书馆之建筑,当以能达其事业之目的为宗旨而设计之。

　　一、当先为内部诸室之配合,然后及于外观之创意。

　　一、不能单据建筑上之理由,而牺牲内部配合之便益。

　　一、当预测日后之扩张、发展而设计之。

　　一、当使构造能耐永久,且施些少之装饰为诱引的作用。

　　一、不能作出不省便于日常管理之建筑。

　　一、务必使日光能多射入。

　　一、当使窗之高度,上达屋盖,令光线直达各室之上部。书库内之窗,当对于书架,而设在其左右两旁。

　　一、阅览室及事务室务须宽敞。

　　一、阅览室当注意者,务必以最少之监视员能监督而设计之。

　　一、当以广敞而结集之书库,近于出纳所设之。

　　一、供公众使用之部室,当求出入之便利而设计之。

　　一、非觉绝对必要,不能为内室之分割区划,务以广大开通为宜。

一、各室概当求便于洒扫而设计之。

一、当求充分足为暖房及通风而设计之。

一、基地十分广阔者，其建筑当为平屋。所需诸室，同一在内。

一、难得广阔之基地者，其建筑必为二层楼，楼下为贷出部、新闻杂志室、儿童室、妇人室等。楼上为普通及特别阅览室、陈列室、讲演室等。

一、基地当十分广阔，不但为充现在之要求，对于将来并存增筑之余地。

一、图书馆之位置，当选在馆员及阅览人出入便利之所。

一、为充分采光及通风，为免火灾之连烧及街巷之嚣喧，图书馆当选在周围之空地多而不邻接于他建筑物之地面（以上参酌沙尔、窦那诸氏之说）。

图书馆之室数及格式 此依规模之大小而异。最小之图书馆，虽一室式亦可。例如建面积四百平方尺之一室；其近于三面壁之处所，造数层级，配列书架，中央置桌，为阅览场。光线采自上部及三面之壁窗。故足收容藏书千五百册，乃至三千五百册，阅览者二十人不满。是即最简易图书馆之设计格式也（参照第一图）。

次则藏书之数若更多者，将书架突出室内，数尺或丈许，与壁面成直角，排列为凹字形，名之曰凹字式。此式之图书馆，在馆员之座位，不便于监视登馆者之阅览。故此式仅可用于阅览人极少，且皆相识人之地方，或俱乐部等之规模极小者而已（参照第二图）。抑此式之缺点，专发于藏图书之所，与阅览室无区别。为避此故，书库与阅览室不能不划然区分。故此式之最简单者为二室式（参照第三四图），即成自图书室及阅览室之二部。其事务室及贷出室等，借用图书室阅览室之一部也。

上述二室式之中，如第四图之式，特名之曰书库式。因其书库为特别之造法也。此式能除去第一二图所示之缺点。其藏书量，

38

第一图

```
┌─────────────────────┐
│                  ┌─┐│
│                  │壁││
│                  │书││
│     阅览室        │架││
│                  └─┘│
│              ┌──────┤
│              │事务室 │
└──────────────┤      │
        入口    └──────┘
```

第二图
（凹字形式）

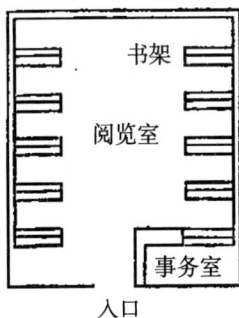

```
┌─────────────────────┐
│┌─┐          ┌─┐ ┌─┐│
││ │   书架    └─┘ │ ││
│└─┘               └─┘│
│┌─┐   阅览室    ┌─┐   │
││ │          ┌─┐│ │  │
│└─┘          └─┘└─┘  │
│┌─┐          ┌──────┤
││ │          │事务室 │
│└─┘          └──────┘
        入口
```

第三图

```
┌──────┬──────────┬──────┐
│      │  事务室    │      │
│      ├──────────┤      │
│      │ 馆外贷   ┊│      │
│图书室 │ 出所及  ┊│阅览室 │
│      │ 出纳所  ┊│      │
│      ├──────────┤      │
│      │  房门     │      │
└──────┴──────────┴──────┘
            入口
```

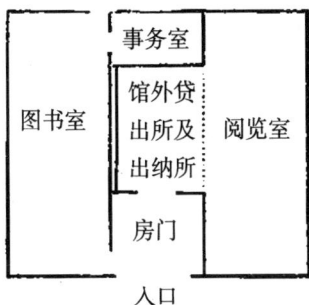

第四图　（书库式）

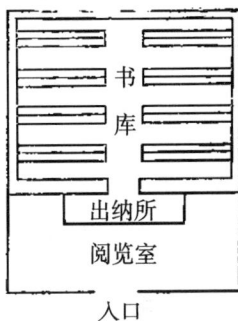

```
┌─────────────────────┐
│┌────┐  书  ┌────┐   │
│└────┘  库  └────┘   │
│┌────┐      ┌────┐   │
│└────┘      └────┘   │
│┌────┐      ┌────┐   │
│└────┘      └────┘   │
│   ┌──────────┐      │
│   │  出纳所   │      │
│   └──────────┘      │
│       阅览室         │
└─────────────────────┘
        入口
```

亦能在同一面积，约加多二倍也。

其稍进于二室式者，为三室式。以成自中央部及左右两翼，故称之曰蝴蝶式。此区划为阅览室、图书室、参考室（杂志室或儿童室）之三室。其事务室、及贷出室，以图书室之一部分，充之（参照第五图）。

以上俱为小图书馆之设计，能收容阅览者二十人乃至三十人，藏书千五百册乃至五千册，馆员一人，为全馆之管理者。其图书必要从他图书馆，受巡回文库等之转送，乃规模极小之图书馆也。

39

试更进而设计其能收容阅览者约三四十人,藏书约一万册之小图书馆。须造方形平屋之建筑物,除建筑上必要之隔壁外,以屏障或铁栅等,区分诸室。中央为贷出室。就中置出纳台。左右为阅览室与儿童室。前部设门房,后部置图书室并事务室等。又限于图书室之部分,应于必要,可建高八尺乃至十尺之一层楼,约容书二万册(参照第六图)。

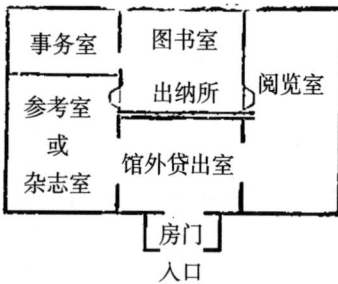

第五图

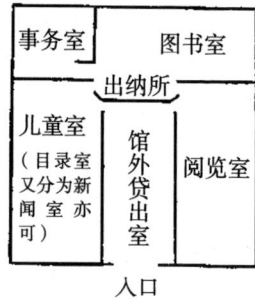

第六图

又试更进而建设其可容阅览者七八十人,图书约六七万册之图书馆,则采用 T 字形式为便矣。即以其垂直部之底边为书库,只此部分造一层或二层楼(假如每方六尺为一步,每步容书一千册,以二十八步之一层楼,容书五万六千册,二层楼则得容八万四千册)。其水平部,面对街路,此部分为本馆长方形之平屋(九十六步)。书库与本馆之间,存在少许之距离,以廊下为两者之接续(或介以防火壁,接续两者亦可)。书库之设计,须为将来可以增筑之余地。本馆之中央,则为贷出部。左右作阅览室与事务室。而各室之区划,必以屏障或铁栅,可得便宜变更之。此本馆因于便利,造一层楼,亦可。而于楼上设普通及特别阅览室、陈列室、讲演室等。楼下则设其他必要诸室,可也(参照第七图)。

若更进而希望大规模之图书馆,则视其经费之如何,亦得建设之。而此大规模之图书馆,可采之格式中最便利而为吾人所承认

第七图 （T字形式）

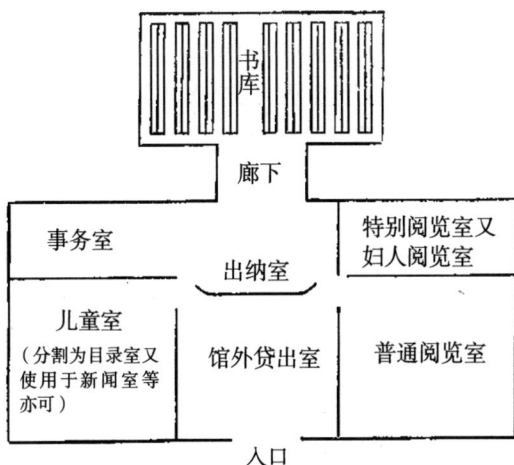

者,中心式也。此系最新式之建筑法,细别之,则为二三种格式。其最美形者,置大阅览室于馆中央,于其周围置其他诸部室。大英博物馆文库、美国议院图书馆、柏林王立图书馆、哥仑比大学及加州大学图书馆等,皆此式也。此等图书馆,在前举图书馆建筑之设计上要求,殆一切具足。外部之威严风致,与内部设备之高雅调和,相待均称,实形成一大理想的图书馆矣。今试将此种大规模之图书馆,列举其设置部室之名称。则为普通及特别阅览室、妇人阅览室、新闻阅览室、杂志阅览室、参考室、讲演室、陈列室、馆外贷出室、目录室、图书目录编纂室、事务室、委员室、栈房装订室、装箱室、阅览者食堂、馆员食堂、值宿室暖房及燃料室、消毒室、阅览人休息室、馆员休息室、书库等。往往有同一目的可使用者,亦备三四室,其最进步者,有豫备室数个焉。

以上所述,从规模大小,而当设室数,及当采格式之一斑也。以下更进而略述各室设备上,当注意之诸点。如书库、阅览室及事务室。

41

书库(藏书室)　图书馆之建筑物中最重、大之部分者,书库也。书库有须考虑之三点。第一、保存图书。第二、务须面积小而收藏图书多。第三、便利于图书之出纳。

第一、保存图书。首当豫防火灾,次当防湿气及日光直射、尘埃、污秽等。豫防火灾,则用耐火的构造昔曹平慕曾参之行,因名曹曾,家多书,虑其湮灭,乃积石为仓以藏之,世谓曹氏书仓。石仓藏书,可无火患而且耐久,即耐火的构造之一种。防湿气,则在地板下为流通空气之设备。防日光直射,则开窗北面,或用窗帘。惟尘埃难于绝对除去。仅可开窗勿向外街,及勤于洒扫而已。且图书馆虽建于隔绝一般民家之处所,仍于书库,特要注意防火也。

第二、关于面积小而收藏图书多之方法。则在普通长方形之书库,将两面之书架,对于侧壁之窗,成直角而配置之,书架与书架之间,即通路。此通路之阔狭,在公开书库之图书馆,为四尺乃至五尺二人可以往来之空间为适当。不公开书库,则二尺五寸乃至三尺,足已。书架之高,以七尺五六寸为适度。而自书架之上边,迄于屋盖之距离,空间利用,即在书库上,设有楼板,又如前配置书架,如是而可逐层递加大抵书库各层之高,在七尺五七寸乃至八尺之间(最下层八尺,中层七尺五寸,最上层七尺,亦可矣)。故构成数层时,以备图书升降机为便(在大图书馆并备人之升降机)。书库内之楼梯,位置于中央为宜。楼梯形,勿取螺旋状,宜采直线状,旁置扶手不可缺。窗在对书架间之通路,一律开之为宜。

阅览室　阅览室大别为五种。(一)普通及特别阅览室。(二)新闻杂志阅览室。(三)儿童阅览室。(四)妇人阅览室。(五)目录室。是也。

(一)普通及特别阅览室(普通室与特别室本为二种,兹因说明便利特统述之)此因为阅览者,长时间可以留此专心读书之室,通例设于楼上,以避馆内外之喧噪。即以闲静为必要条件也。故不可近于出入口及贷出部等,出入频繁之地。室内椅桌之配置,须各阅览者起坐自由,不烦累及于他人。又采光虽须充分,然宜采自北方,恐过明则伤神,惹起心身之疲劳也。室之形状,种种不同,其主要者(1)圆形、(2)角形、(3)长方形也。

(1)圆形者,中央置月台(Platform)为出纳及监视员之席。月台之周围,置目录箱橱等。又光线以采自屋顶为通例。故此形,于光线到处一律。及不传外界喧噪之二点,为阅览室之最良者也。阅览者之坐位,即以月台为中心,而有为圆形数列者,有为光线放射形者,英国伯明罕图书馆、大英国博物馆文库,皆其好例也。

(2)八角形者,其结构及效果,略似前者。美国议院图书馆,哥伦比大学图书馆之阅览室,皆属此型式。

(3)长方形者,阅览室中最普通之形也。但此形之室大者,须设两处以上之监视席,故须人多,是其缺点。此种阅览室之面积,合通路在内,大抵每一人占二十乃至二十五平方尺,足已。桌与桌之间隔,其两旁使用者,须相距五尺乃至六尺。一人独用之桌,则前后桌间之距离三尺。与邻席之距离二尺五寸许。阅览室之屋盖,离地板十六尺以下为度。若室小,可较此再低。美国字斯登地方图书馆、芝加高公共图书馆,皆有此型式之阅览室,可为标本也。

(二)新闻阅览室与杂志阅览室　有一室两用者。又有分离者。兹举分离者设备上之当注意者,则如在新闻室之中央,备盖板倾斜两面使用之看台。又在壁面,备片面使用之看台。皆于其上,展开新闻纸,备阅览者之披阅。中央之看台,置周刊及专门新闻。于壁间之看台,置日刊之普通新闻。是为通例。若在杂志室内,室内并不放置杂志,仅备简明之目录,应于阅览人之请求,方贷付之,混杂少而便益多也。又新闻及杂志同在一室阅览者,阅览杂志者之位置,比较的使能在闲静之方面也。

(三)儿童阅览室　儿童室务必设在楼下,以不使儿童升降楼梯为宜。此阅览室之广量,每一人之地板面积,凡十八平方尺可已。

（四）妇人阅览室　虽在欧美无特设此室之必要，同以男子阅览室供用之。然彼我国情不同，以我国事情之所容，当特设之。若不能特设之时，用屏障等，与男子部区别为宜。又贷付口、厕所、专用洗手处等，亦均与男子隔别为要。

（五）目录室　目录室当设于图书出纳台之旁。或在邻接于阅览室贷出室之一室中。若以此室兼充贷出部，其配置尤须特别注意。

事务室　事务室必须接近于书库。若其间之距离过远者，恐有妨于职务之敏捷也。此室在小规模之图书馆，虽一室已可。而在大规模之图书馆，恒以数室充之。凡关于图书之修理、装订准备、贷出图书之调查等事务，皆在此室执行之。以是室内，当备长方形之桌，及诸种架橱、目录箱橱等。故此室务要广阔，光线亦宜充足。但当避过明耳。

其他各室

（一）装订室　在小规模之图书馆，虽嘱馆外之装订师，使修缮装订图书，而在中等以上之图书馆，馆内即设此装订室。因其作业颇多喧噪，且用炉火（据外国洋书装订而言，中国装订当别论），故当择在距事务室等较远之处设之。至于光线宜充足，空气宜流通，无俟言矣。

（二）小使室、装箱所、消毒所　小使室宜择在接近事务室，而远离书库之处。在用炉火之时，须为相当之防火设备。通例接连于装订室，便于小使在室外时，使在装订室者，视见小使室之出入。又可划出此室之一部为装箱所。但在大图书馆，则装箱所宜以事务室内之一区充用之。消毒所亦联接于小使室之一小室，须择便于密闭之所。

（三）阅览者食堂　我国图书馆，尝未留意及于阅览者之食堂。夫阅览者既无专用之休憩所，则食堂即为其处。又可为谈话室，自然宜计阅览者之相互亲密而设之，但决不宜在阴郁而空气不

44

佳之处，及邻近厕所之处，宁选在比阅览室更光明之处所。又凡易于不洁，而宜勤扫除之洗手处，尤须令清洁。

（四）公众出入口及楼梯　公众出入口，须有监视之人。故出入口不宜多设。然宜有太平门（非常口）二三处。以备不测。从建筑上之便宜，须作楼梯者，为避火灾等故，必设两处以上之楼梯，尤不宜近接于窄狭之廊下而设之。楼梯之阔度，普通五尺以上八尺以内，足矣。

（五）洗手处及厕所　洗手处，务必各室皆设之，在大图书馆当为此备一稍广之室。厕所不可与他室直接联络，必隔离之，在经行廊下而得往来之处，即可造之。又宜区别阅览人用及馆员用、男子用及女子用，勿混也。

第八章　图书馆用器具

图书馆所使用之器具甚多。兹就主要者略述之。

（一）出纳台　置于阅览室与书库分界线之处，便于出纳阅览图书，木制之台也。往往为固定的，属诸建筑之一部。然兹取便宜上自由移动之型式。通常作凹字形、平直面向阅览室，洼处设阅览室员之坐位，处理图书之出纳，兼监视其阅览。台高二尺五六寸，长广相称，亦有兼以作阅览科之倾桌洋式之盖板倾斜者者。制材，选木质之坚牢者。为缓和其声响，可张皮或厚绒于其上。台之前面，以同一制材障蔽之。而后面则开放之，便设橱及抽斗。或有从监视上便利，而置此台于有一两级之月台上者。此台下置阅览票橱，台之两旁，设新到书陈列橱等。但沿出纳台，自阅览室至书库，须有较狭之通路，经逾接连于台之开阖自动栅，可以自由出入于阅览室。其有从建筑之便宜上，此台如银行或邮局之出纳口，而装置之者。则既属于建筑之一部，不可以器具论，明矣。虽然，此台或取固定的，或取活动的，关系于全馆之建筑事情，固未易遽定其可否也。

（二）书架　书库内之书架，有二种。一称壁书架，沿壁面置之，单从一面（片面）出纳图书者。又一即书架，从两面出纳图书者。其高度二种相同，以不用扶梯能出纳最上级之图书为度，即七尺五六寸为标准高也。书架之底部，离地板约二寸许，以防污损。顶部加一寸厚许之盖板，防尘埃之积压书册。此总高七尺余之书架,当分几级,因图书之大小而不同,姑例以置普通之图书,可截分七级乃至八级。特为容大本之图书,最下级作一尺四五寸高,亦可。若欲随图书之大小,任意分级,则宜施特别之装置使架板得上下自在,伸缩于架间而后可。架之深量,足以容普通之图书者,约六寸五分许。即合两面共一尺三寸。而作两面用时,中央之分界,须留一寸乃至二寸之空隙。有便于流通空气之必要^{藏书纪要曰,书于柜中或架上,俱不可并,宜分开寸许,放后亦不可足,书要透风,则不蛀不霉}。故总深量为一尺四五寸。若欲中间之分界确实者,施置粗率之格棍亦可。架板之广,二尺四五寸乃至三尺五六寸为适当。若超过是限度,则满载图书之后,架板中央有下垂之虞。除贵重图书之外,一切书架开放之,不设屏蔽,是不第便于出纳,且便于空气之自由流通。书架因其制作之材料,分为木质铁质二种。木质者,须选坚实之木质为之。松材流出树脂,易损坏图书,不可用之^{藏书纪要曰,书柜须用江西杉木,或川柏银杏为之,紫檀花梨小木,易于泛潮,不可用}。铁制者,用薄板已足,故增多排架,且能耐久。然我国制铁业尚未发达,徒多费用,故未便推举。若在外国,则今多用钢铁制矣^{藏书纪要曰,柜顶用皂角炒为末,研细,铺一层,永无鼠耗,恐有白蚁,用炭屑石灰锅绣铺地,则无蚁}。书架之一种,有称新到书陈列橱者,常置于阅览室,为时时收藏新到书之用。通例前面张玻璃门或张铜丝网,以便登馆者之阅取,有所请求,则阅览室科员启橱背面之门,出所要图书与之。其装置如此,似无一定之格式可言。但较书库之书架,要稍巧于处置耳。或有装置于阅览室出纳台之两旁者,亦不少其例。

（三）杂志陈列架 杂志阅览室内,往往备杂志陈列架,其样式不一。今示其一二例:(1)作一面用之架,其架板倾斜,至于下方而缓,于此各架上,陈列杂志,有如是作之者。(2)同是一面用之架,附着于壁,各架之前面,列黄铜棒,支持杂志之坠落,有如是作之者。两者之中,备其一于儿童阅览室,使儿童自由出纳所阅览之书,高不得过四尺五寸。

（四）桌　阅览室内之桌，以其盖板，高至二尺四寸乃至六寸为适当。或有倾斜其盖板，作倾桌形者，此倾桌形之板面，为缓和声响，张以皮或绒。又为防图书之堕落，附槛于其下端。凡桌，在其接近盖板之部分，即盖板之下，设架以便阅览者置小形之携带品。事务室内须备长方形之大桌，广九尺长十二尺许，至少必备其一。

儿童阅览室内之桌及椅，须较成人用者，异其尺寸。应于儿童之年龄而大小各备之，为宜。

（五）新闻展览台　新闻阅览室内，须备新闻展览台。其形式亦有种种。使阅览者坐于椅凳读之者，形似普通倾桌，而用其盖板倾斜之急者。是亦有于中央设两面用，于四壁设一面用者两种。又有所备，为便于阅览者立而读之者，亦可。

（六）目录箱橱　目录箱橱者，有容书牌目录之抽斗者也。其制法，以抽斗之最上列最下列，俱便抽出检牌为宜。即以成人用之最上者高三尺三四寸，最下者低一尺五六寸为适宜。各抽斗之长度，一尺五六寸。深量须从书牌之高度定之。或有不用箱橱，而用同有抽斗之木函者，此函须附以盖，夜间或闭馆时，以盖盖之。此书牌木函供目录科之座右用，亦其要者也。

（七）新闻纸挂台　是亦有种种之形式。亦有两面用一面用二种。

（八）地图及一切幅物挂台　挂图及其他幅物等，其处置极不便，而且广占地面，务须利用壁间，为简单之装置，而转用于挂台，事至妙也。

（九）杂志橱　杂志异于一般图书，自有特别处置之必要。其整理之，亦不用普通书架，特作其便于出纳之架橱焉。其形普通一面用者，高六尺五六寸，深九寸乃至一尺，广作五尺左右之架板。前面开放，三面障蔽，区画全体为六列十级，如此设计，可容杂志六十种。若外国杂志，每有形大者，须以能容广一尺三四寸之区画，

48

而构设之。外国杂志种类夥多,图书馆当别在本国杂志橱之外,另橱收容之,不待言也。

(十)阅览票橱　为整理阅览票之用,亦须一种小架橱。其构造同于前记杂志橱。唯缩小其形,下部更加抽斗耳。其大小得因阅览票之大小而异。通例高一尺七八寸,广二尺四五寸,深六七寸,除去下部之抽斗,可区画全体为五级,十列乃至十二列,如是可将阅览票人名之第一字,依笔划多少之顺序,排列整理之。尚须有少许之豫备橱也。

(十一)图书挟　用以防书架或桌上,排列图书之倾倒者,须用图书挟挟亦作押。普通用者为薄铁板制成,外面涂黑漆或油漆。其垂直立之部分,剪去中央而后,余有圆穹形之轮廓。然其中之孔,有时为插入图书之冲突,不如勿剪为愈。

(十二)巡回文库用书箱　此不必要一定之格式。各图书馆各自特制之可耳。其制材,以桧木为最良。门用双门式日名曰观音开,加以坚固之锁。箱之四隅,包金属片保护之。其容量普通可装五十册至百册。

(十三)排架用书函及帙　近来刊行之图书,洋装颇多,且系厚本,故自能直立于架上。若旧式之中国装及日本装,则非合册或改装,不能直立。故须用书函及帙,包拥一部数册或小册数部而为之。函帙或用薄木板,或用硬纸旧式之套用洋浆糊裱之,则不蛀,近有用漆涂之薄铁片,其大小皆须合于图书之容积,非可豫先制成者。图书馆所要之备品类,复据日本山形县图书馆调查精密之一览表观之,不独复杂之图书馆用器具,可以大体一览而了。并其价格等亦足补上述之所不及,故转载于下,以质参考。

日本山形县立图书馆调查备品尺寸并单价（一个物价目）表

品 名	单 价	尺 寸 高 尺	广 尺	长 尺	摘 要
图书出纳台 新到图书陈列台二具 }	二五〇·〇〇〇	三·五 六·五	一·六 三·五	六·三 深 一·五	
阅览用桌	五·九〇〇	二·五	三·〇	四·〇	
又　凳	二·七五〇	一·五	一·三	一·五	
儿童阅览用桌	四·五〇〇	二·〇	二·七	三·五	
又　凳	一·三五〇			一·四	
阅览用书牌目录台	五四·八〇〇	三·四	三·四	深 一·六	{ 足高一尺三寸 抽斗六个一级共六级
事务用书牌目录台	五九·八〇〇	三·四	三·四	深 一·六	{ 足高一尺三寸 抽斗六个一级共六级 外大抽斗三个
新闻阅览台	七·一五〇	四·八	二·〇	二·九	
新闻架	三·五〇〇	六·〇	二·四		
杂志陈列橱	七·三〇〇	六·〇	四·〇	六层	
徒弟阅览室陈列橱	四九·〇〇〇	七·五	五·五	深 三·五	{ 等分内部置架板三级 四面张玻璃门
巡回书库（大）	一五·〇〇〇	一·八	三·〇	深 ·八五	
又　（小）	八·五〇〇	外 一·八	一·五	深 ·八五	
书挟	·一五〇				
阅览室用火盆	三·五〇〇	一·三	二·五	二·五	{ 中置锅形之铁器 用以生火
暖炉（烟囱十三）	四·〇〇〇	—	—	—	
书库用书架	二〇·〇〇〇	六·〇	六·〇	一·六	{ 两面使用者其架板 可以自由上下
儿童用图书目录架	七·五〇〇	五·〇	五·〇	八层	
儿童阅览室用书架	八·三〇〇	四·八	一·〇	五·〇	五级
辞书挟持器（铁制）	二三·〇〇〇	二·六	一·二	二·二	
洗手台（连水桶）	七·六〇〇	二·六	一·二	二·二	
煤气灯装置	三五·〇〇〇	—	—	—	三盏灯装置
阅览室用圆形时计（钟）	二〇·〇〇〇	—	—	—	
图书消毒用福尔末 林气体喷射器	二四·〇〇〇				
图书消毒用有门之橱	一八·五〇〇	六·〇	三·〇	二·五	
号数打字机	二三·〇〇〇				
馆长用书架	六·〇〇〇		二·五	深 一·〇	
特别阅览室用转动椅	六·〇〇〇	—	—	—	
阅览用书牌	千张 二·五〇〇	—	·四	·二五	{ 因纸质与张数之多少 价格有高低
事务用书牌	{ 白千张 二·〇〇 赤千张 三·三〇 青千张 三·三〇	—	·四	·一六	同上
图书总登簿	一二·〇〇〇	厚 ·一八	一·五	一·六	六百页钉一册

上表不过在彼国一时之适用,如价格不能不因时地而有变动,又尺寸亦因国情及图书馆之规模如何而不能无异。且图书馆当备之物品类,此外尚有若干,未可以此为限。然要之,普通图书馆必须器具类之大体,可以约略而得之矣。

第九章　普通图书馆

　　论社会教育上图书馆之效果,其衰然居首者,普通图书馆也。因普通图书馆多数以公费设立维持,为一般公众所自由利用,故又名之曰公共图书馆。欧美公共图书馆之意义,各地稍异:(一)属于公家所有者,(二)公费所维持者,(三)供公众自由阅览者,兼此三条件之二者或三者,即为公共图书馆,阅览者入馆,或纳费,或不纳费,无定制,正类似我国之公立图书馆,故此名称,虽似为程度上之区别,实乃经费上之分别也。

　　今考欧美普通图书馆之起源,则美国之图书馆,从古即有通俗思想,而自有名之窦那氏出,主唱图书馆非可特属学者之专有物,当为一般国民增长知识之机关。又谓馆员非仅明图书之搜集整顿而已足,并当熟察国民一般之知德程度,果如何使之向上云云。氏并本此方针,创办自己主干之纽约图书馆。尔来此方针,到处为人欢迎,故美国所有图书馆,除国立州立为例外外,其余图书馆,任何大规模者,无专供高等学者及专门家之用,已无不兼备公众可用之普通图书馆性质矣。而政府亦奖励小学校,同时经营公共图书馆。故全国此类图书馆,总计已达四千内外。在英国,以一八四八年开设华林格顿博物馆内之图书馆为嚆矢。至一八五〇年,颁布爱华德法律。首从曼周司他地方,创设公共图书馆。其后同种图书馆与年俱增。今计其分支馆,已达一千余矣。在德国,于一八五六年,始设此种图书馆于柏林。现今独柏林一处,已有市立之二十四普通图书馆(德人称之曰通例国民图书馆)。其下又有小学校附设之二十八简易图书馆(德人称之曰平民图书馆)。更特在新筑之学校,兴特别之建筑,附设此种图书馆焉。

参考　凡德国市之大者,有中央图书馆,并有通俗图书馆数所。柏林则于市之中央设市立图书馆,藏书七万册。岁出购书费一千四百元。并有评议员,协议馆中事项。中央图书馆外,全市又设简易图书馆二十八,其中设阅览室者十二,但贷借书籍者十六,大抵皆设于小学校中。简易图书馆书籍总数为十八万册。年需购书费四千六百元。开馆时间其十六所,自午后六时至九时,惟星期六,自午前十时至十二时。此外每星期开三次,各二小时。无论何人,至其处借书者,无不如愿。可伦市人口五十万,中央图书馆外,简易图书馆凡七。设阅览室者四,其三仅能借贷。此七处外,又有但设阅览室凡五。其市长声言,是市每年必增一简易图书馆云。开馆时间午后六时至十时,星期日三时至八时。借书规则,除所借之星期不算外,自次星期为始,凡历三星期必还。不还者以邮片促之。邮费由借者自认。犹不还而为期已及三月者,则遣使促之。此时借者应出费一角五分。管理人为学校教员,年各二人。此二人各以三日更迭任事。年薪二百五十元。小使二人,各一百二十五元。阅览室大都设于小学校中或其附近。亦有以校长住宅之一部为之者。其中有一器械,由一英人发明。名印奇凯泰,形大如箱,书籍之号数,借者之姓名,皆书纸片,悬于上,凡千五百许,以纸片之青赤黄数色,别借书之久暂。如第一星期为青,第二星期为赤,借书者既略一检视,即知馆中有无该书,即图书馆于某书期限既届,尚未来还者,亦一览了然。以上为城市图书馆,乡村图书馆尤多。萨克逊之巴布利士村,人口不逾四百,而该处单级小学校中,亦设简易图书馆。由该校教员保管。藏书无多,一书架足以容之。乡厅年助购书费一元五角。借书者每星期各出铜元一枚。借法甚简单,但言于小学校之小童,此童即赉送其家。普国补助简易图书馆之费,每年五万元。

瑞士之苏黎世，为大教育家丕斯德罗钓游之乡。今有丕斯德罗协会，有简易图书馆十。其藏书之数虽少，而新闻独多，至六十种。杂志三十八种。开馆时间午后一时至九时。阅览者非满十七岁不得入。十处大抵皆然。工人之属，凡欲读新闻者，多往其处。

普通图书馆之目的　观上述已设者之历史，与其起原，可知普通图书馆之目的，在欲使全体国民解读书之趣味，启发其智德，而使一国民之在小学校始受之教育，及至成年，得有终身继续之机会，以发挥教育之效果。

普通图书馆之经营管理　图书馆虽当然为一种教育机关，然就读书而言，系以公众为对手之业务，于此即可视为一种精神的营业。是以图书馆中之普通图书馆，尤多近似于商店之营业。以下二者对比，以供普通图书馆经营者之参考。

（一）商品之买入与图书之购入　商店之最重要者为商品，图书馆之最重要者为图书。而商店当买入商品之际，至少要注意下之四点。

第一　自己营业之商店，为何种类。

第二　资本之多寡。

第三　顾客之种类。

第四　所在地人之购买力。

第一　关于自己商店为何种类之疑问，在商店营业者，无不自明，绝不要若何之考量判断，而当买入何种类之商品，亦已决定。即衣庄店当然买入衣裳，药材店当然买入药味。故图书馆亦在高等图书馆，当备高尚之参考书。普通图书馆，当备普通之图书，自然明也。然经营图书馆者，不辨此明白之事实，非无在普通图书馆，购入高尚专门之图书，医学图书馆，购入风俗画之类者。人若见衣庄店买入铁材，铁匠店陈列衣服，必呼之为狂，然则图书馆亦有如之颠倒错乱，而恬不之怪者，岂非至可怪之现象也哉。

第二　商店资本之多寡，适与图书馆图书购入费之多寡相当。

若小商店而效大行家之一时买入大宗商品,必于资本运用发生窒碍。故图书馆之图书购入,亦必应于各馆规模之大小而斟酌之。尤在普通图书馆,与其投多金于大部之图书,宁选善良而廉价之新刊书为愈。

第三　商店顾客之种类,适与图书馆阅览者之种类相当。故以北京为引例,因五方人士之所萃,而顾客之种类不一,是以买入商品,正宜权其缓急轻重。普通图书馆亦正须随其所在地之为工业地为农业地,注意购备其相当之图书,以尽瘁于其地方教化之诱导,智德之启发。

第四　地方人对于商品之购买力,与图书馆所在地阅览者之读书力,亦适相当。商人因多贫民之处,与多富有者之处,而斟酌其买入商品之品质。图书馆亦当斟酌其所在地人之读书力,而决定图书高低之程度。如不问何等商工业地,而所备商工业上高尚之图书,不相应于其地人之读书力,误矣。

(二)商品之广告与图书馆之广告　普通图书馆之目的,务在读书趣味之普及,其经营法,自不能出于拱手以待人来之消极的受动的态度。必大取能动的引诱公众之法。商店苦心于其广告,费种种意匠,力求惹起世人之视听。故图书馆亦不可不注意广告之方法。而图书馆以有教育之公众为对手,须更复杂且高尚于商店之广告。苟用恶劣之广告,则适得反感耳。又在普通图书馆之目录,务须应用书牌式。使图书标目得随时增减,且便于检索。又当视所在地之状况,力期其书库,限于事情所许,公开一部或全部,使阅览人直接自由选撰所要之图书。又当常时举行展览会演讲会,使公众在不知不识之间,生亲爱图书馆之情感,皆必要之方法也。

(三)分店与分馆及配本所、巡回文库、家庭文库　商店为推广销路,所在设立分支店,取与中央本店联络,各计顾客之便宜。普通图书馆亦为普及图书馆之利益,于适当之地,设立分支馆,取相互联络。图书之贷出,亦得互相通融为佳。又在不能直接利用图书馆之僻地,当设巡回文库、家庭文库及配本所等,诱发读书趣味,为他日有机会得直接利用图书馆之准备。又馆贷出制度,务必宽大。如商店送达顾客之所买品于其居宅,图书亦得为送达于居宅等事也。

(四)店员与图书馆员　商店之兴隆衰败,起因于店员对于顾客之接待如何。图书馆亦无论如何美其建筑,注意其藏书之选择,若馆员傲不礼人,不和爱,不亲切,则阅览人因此一二馆员之态度,误解图书馆之为物,自莫有喜登馆者矣。故曰凡百设备,不若一恳切之指导人。故欧美良好之图书馆,大抵设图书指导员,察阅览者之年龄、嗜好、程度等,而为其相谈人,亲切丁宁指导之。所以图书馆于选择及训练出纳科之重要,毕竟在此。

此外,普通图书馆必要并设儿童室。一方监督儿童之读书,并使儿童养成他日成人后,利用大图书馆之习惯,又宜力与学校互相提携,补学校教育之不及。参照日本图书馆杂志第十五号所载太田为三郎氏作"图书馆者一营业也"论旨。

参考　美国波士顿市有中央图书馆,阅览室至大,讲堂能容五百人,每星期六,公开演讲。新闻纵览室陈列之新闻,计四百五十种。馆中取书之法,最为迅疾。取书纸甫出,立入最小之电车,飞行铜丝之上,而至出入书籍之馆员前。其书以气车送之于借者。故其时间不过七分左右。此馆又设儿童部,藏书九千册。儿童得随意出入,自由取书读之。凡美国图书馆,不论华盛顿波士顿等处,其阅览室中,四围列架,满贮普通人所用书籍,任人自取自还。故馆员不烦。而每年遗失之籍,亦不过百八十册。开馆时间,始于午前九时,至午后九时方闭。儿童得借书牌者,无论何书皆得借阅。惟年未满十岁者,不得借出。其牌凡三万枚。自十岁至十六岁皆用之。儿童部中,成人亦得入焉。其处小学校教科书等悉备。故小学校教员屡联翩而至。又得借之于学校。又有讲义(讲演)室一,得于此听种种讲义。此美国大市多有之,非止波士顿也。又有美术部,各种照相及幻灯用之玻璃画,无所不备。学校需用幻灯者,得向其处借之。馆中共有气车三乘,专送书籍。故阅书者可不必赴馆。午前订借者,午后其书已来。午后订借者,翌晨书来,借书但以牌示之。馆员见牌则立送书至家。惟书大都只二册,以二星期内还之。如是循环不已。此中央图书馆外,尚有简易图书馆二十八。某处有一简易图书馆,藏书一万八千册。新闻杂志五十种。其小者有书二千三百册左右。以女子二人司贷借。午后二时至九时开馆。十二岁以下之儿童,至午后七时必须出馆。十六岁以下者,无牌不能借书。新闻二种,杂志十三种,备案一椅十。此种图书馆,大抵置于街衢最易辨认处,有四五层高楼者,则置于下层最便利之一室。阅览室中,略有盆花美术画等装饰品。大都皆该处人捐助焉。

以上普通图书馆经营法之大略也。尚有普通图书馆之特有事业,如分馆、配本所、巡回文库、家庭文库等,其详见诸后章之各项。

第十章　儿童图书馆及儿童阅览室

关于社会教育施设中之一最重要者，为图书馆。既为成人而有所设备，又为儿童亦所不可缺，理至显明。欧美诸国，夙有见及于此，故其设备管理之方，常研究不遗余力。现今公共图书馆之大者，殆无不附设有儿童部，其发达至堪令人注目。英国当一八六五年，始在巴根黑特创设儿童图书馆，尔后各地踵效渐多，今已达百余所矣。如德国，虽比英美稍逊一筹，然近来渐盛，汉堡柏林爱那等各都市，俱设有此种图书馆，其特备有益多趣之儿童图书，自不待言，且常开谈话会、朗读会、展览会等。主任者以曾特为此种业务养成者充之，躬为儿童之师友，力求读书趣味之奖励普及。其效果之巨，非可言喻。以视我国，既无独立之儿童图书馆，或者有附设于普通图书馆，或小学校中者，吾未之见，然甚望有刻意经营之者，其有不识儿童图书馆为何物，毫未研究而轻加否认者，则非所知矣。

参考　美国图书馆特设儿童部。普国不然。凡少年不能入普通图书馆，其例如沙罗顿堡之图书馆。凡十四岁以下之儿童，皆不能入。惟十四岁至十六岁得其亲之同意者，许入焉。爱那市立图书馆，儿童十八岁以下者不得入。杂志部则十六岁以下者不得入。多于学校中设儿童图书馆焉。

儿童图书馆之目的　儿童图书馆之目的，列举如下。

（一）供儿童以善良有益之读物，防遏其阅览有害不当之图

58

书。

（二）使得高尚清新之知识及娱乐。

（三）自幼与以读书之习惯，得其趣味之涵养，他日成人之后，利用图书馆益资自己之修养，以成一般国民智德平均发展之根基。

（四）使生计上父母保护不周之都会儿童，免其或作恶剧于街道，或独徬徨于各地，身体上精神上蒙恶影响之危险。

（五）常为学校教师之补助者，供给以教授上、参考上必要之图书，而示之价值及用途，获在家庭修养之便利。

（六）为天性爱好读书及修学之儿童，不幸无在家庭或学校力学之机会者，与以特殊之便益。

儿童图书馆并儿童阅览室之经营及管理　如下。

（一）阅览室之位置　以成人与儿童其心性境遇皆大悬殊，而图书馆之施设上，亦大有不同。即儿童者，一般好音读，且骚扰为常态。故无独立之建筑物，而附设于成人图书馆内者，必须与成人之阅览室隔离，力避二者之混合及近接。

（二）阅览室内之设备　儿童阅览室，须简单而加以有趣味之设备，以适当之图书、写真、花卉、插花等装饰之。就中花卉、插花之装饰，尤有益于大都会之儿童，使不知山野之花者，获得关于博物之知识，同时复便于养成其审美心。又务宜备洋琴风琴等之乐器，俾儿童生一种娱乐室之快感，咸欣然来集于此，力期不知不识之间，与以善良之风化。又每日事情之中，使儿童亦知有必要之事件，以平易之文句，及略画等揭之，又常备各种地图标本等，应于必要而提示之，均可。但当注意者。任何有益且有趣味，一时示以夥多之肖像、图画、标本等，转有使儿童之好奇心薄弱、注意力散漫之可恐。故馆员必须常注意儿童之心理，于适当之时，取出其适当者而示之。此不独图画、标本等为然，即一般儿童用图书亦然。

（三）儿童用图书之选择　儿童用图书，须备何种图书为宜之问题，为近时关于图书管理之诸件中，议论最多者，顾此诸议论，宁属于图书内容之事,而于其种类,则大略一致,即如下。

第一类　主诉诸儿童感觉、知觉之图书类＝图画、插画本、挂物、游戏书、运动书、唱歌书类。

第二类　主适于养成儿童记忆力、想像力、推理力之书类＝历史谈、人物传、地理书、童话、探险小说、读本、作文书、教训书、兵书、实业书、理科、数学书类。

第二类皆当择程度之幼稚者,不待言。然有时儿童中,亦有推理理解力之稍高者,甚不满意于程度幼稚之书,故必要并备程度之稍高者。

以上不过举幼年书之种类而已,若当择其内容之如何者,在欧美诸国,议论颇多,今为供参考之故,略述之于下。

欧美诸家关于此问题之议论,大要可分为二派。

甲　主张儿童若有爱而欲读之图书,则备之亦不妨(即不爱读者不备之)者。

乙　主张若有文学的价值之幼稚者,则备之亦不妨(即无文学的价值者不备之)者。

但此两者共通之方针,在于有道德上有害之倾向者,一切除去之而不备。而就除此有反道德的倾向者而言,又有种种议论,此亦可大别为如下之三派。

一、以如民间传说之描写野蛮时代,人类对于苦痛之无情,为反道德者。

二、以小说类之满意于恶俗、野态、乱暴、突飞等无益事,为反道德者。

三、视战争为反道德的现象,以一切战争谈为反道德者。

虽如上所述,然实际一切顾虑种种人之反对者,势必至于一一为病于神经而外除之,所余者实甚少,结局入于大穷屈。故最稳当之方针,莫如依据健全之常识与经验,取折衷主义,彼徒泥于一己之所习,或拘守一方之学说,无异于以所谓痴人呓语,而选择儿童用图书也。乌乎可哉。

（四）儿童图书之指导及其贷付法　关于选择儿童用图书之注意,既述之矣。其次之问题,则即就此既选既备图书之阅览,如何而可为之指导,其贷付之,可依何方法。盖既选择之图书,经注意复注意而备之,馆员欲使儿童注意此图书,不可不指导之。此事以馆员躬亲接触儿童,施适当之忠言暗示,最为有效。毕竟图书馆之管理中,亲切之馆员存在,比设备之整顿,大有效也。而为欲使儿童能注意此所备之图书,就其贷付法,要费充分之考量。关于儿童图书之贷付法,有如下之三法。

儿童图书之贷付法

（一）自由制　此系排列儿童用图书于桌上,或排置于开放之书架,使之自由阅览之制也。

（二）选择制　此系收藏儿童用图书于特别书架,或书库中,备置目录等,应儿童之希望选择,而贷付阅览图书之制也。

（三）折中制　此系收藏若干种图书于特别书架或书库中,藉目录等方法,应儿童之希望而贷付阅览,此外若干种图书,则排列于桌上及开放之书架,使之随意阅览之制也。

以上三制之中,（一）（二）各有一得一失。即由于第一之自由制,使儿童自由选择阅览图书时,难保其不阅览不适其理解力之程度之图书。故欲避此弊,当依据图书之内容,及阅者之年龄,而豫将图书分别置之。夫然而能使儿童不误于选择也。由第二之选择制,收藏图书于书库,应儿童之希望而贷付阅览。苟彼等误于选择,虽得给与助言而正其误,然若加干涉,过于束缚,难保不因之使儿童发生厌忌之情感。最后第三之折中制,正为欲免除第一第二之弊者,行之于普通图书馆之一部,设儿童图书室者,最适当也。即最多需要之图书,排置于开放之书架,任儿童随意取出阅览。其余图书,则依于目录之手段,应儿童之请求,而贷付之也。

次当注意者,藏于书库之图书,虽无论何时,可应儿童之要求而贷付之,然当豫定学科与时日,在一定之时日,展览一定学科所属之图书,且陈列其相关之图画标本写真等,以采可及的精神转换之法也。

(四)儿童用目录　制作儿童用目录,欲适儿童之使用,总以简便为宗旨。如标题亦务必简明,且使易读。著者名及其他成人用目录必要之诸项,亦务必省略为宜。此外,则馆员对于儿童,须丁宁教以目录之意义及价值,且奖励其使用。又馆员须于此际,力察儿童的倾向,明确儿童一一之要求如何。

(五)讲话会及展览会　给与儿童清新之知识,同时自然涵养读书趣味之方法,最有效者,开定期或临时之讲话会、展览会也。前者委托馆员及能任斯道之人讲演之。或使儿童中之有志者,作童话、历史、传记、地理、博物谈等,其效果甚大也。后者在于临机搜集种种材料,为实物教示。虽然有当注意者,图书馆讲话会展览会之主目的,常在因是保公众与书物之联络,而诱发读书趣味。故凡读书不相干,及性质迥殊之讲话会展览会等,图书馆宁当绝对排斥也。

(六)学校与儿童图书馆之联络　学校与图书馆,有若唇齿之关系,相扶助、相补充,始得收良教育之效果者也。故在欧美,留意此点,学校教师时常率领儿童至图书馆,教以图书之利用法,图书馆亦时常陈列学校教科书关联之图书等。又当开学、毕业之日,图书馆员派出于学校,为儿童说图书馆之效用等,力保两者之联络,故为保两者圆满之联络,常要相互的了解也。然在欧美,学校方面对于儿童图书馆,亦有提出种种之反对说者,举其主要之一二。

(一)谓儿童在学校外,宁可奖励运动,如使入于图书馆者,反此目的矣。

吾人对此之答辞曰,凡休养(兹所谓休养者,非一事不做,为安静之义,乃安慰愉快之义)有身的休养(俗所谓运动),有心的休养(知情意的休养)此两者不可不互相援助补救。故一言休养,即

62

作如谓运动游戏之想者，大误也。虽在儿童，异于成人，自有重视身的休养之必要，然是非所以证明心的休养之无用也。本来儿童之读书，在家庭、在图书馆，隶属父母馆员指麾之下，有限定时间之必要。但儿童为活动力强盛而好变化者，故于实际，决无有如终日埋头图书馆中，而耽读书之虞。依吾人之所经验，大抵如吾人之所望，一时间乃至二时，即掉头不顾而去矣。固勿论现今之儿童室，不完全之点不少，是以对于家庭教育设备完全之儿童，亦有劝其勿登馆者，然吾人固非单向此少数儿童说法者也。

（二）谓儿童读童话，探险小说类者，自然至于不好读正经之图书，又必渐至耽于空想云云。

吾人对此驳难，宜明辨曰，人生有种种时期，种种世界，吾人不可不应于其时代，而供给以必要者。即在儿童期之最必要者，使发挥其潜在的旺盛之创造力及想像力也。于此，则宁以童话探险谈等，为必要矣。固勿论此等图书中，不健全者不少，故如图书之选择条下所述，馆员于购备以前，务须十分注意，执排除其不健全者之方针矣。吾人无论如何思考，谓只今日之学校教科书，足以使想像力及趣味性，旺盛之儿童满足者，断然不能首肯。闻德国甚注意此点，在教科书之外，别供以应用其教科书所使用文字，而内容改为童话体者，务使在家庭，由此童话本，一面为有趣教科书之练习，又一面满足其想像力及趣味性，其结果颇良好云。

（三）谓使儿童读书物，必至养成滥读之习惯。

就此滥读，既如贷付法之所述，须由种种方法，求所以防遇之。但以使自由阅览图书，即为滥读者，甚谬之见也。自由阅览者，为欲合于儿童之趣味性，而使自选择也。又虽云自由阅览，已如前述，以相当之方法节制之，可以无过误矣。又假令果有少许之滥读者，亦图书馆与学校异其趣，主娱乐而不强穷研，务欲使儿童充分发挥其潜在性而已。

要之，若欲议论，则天下无一物不可得而议之者。往往世之所谓学校教育者者,未究儿童图书馆,依何组织而成立,甚或其身未尝一入儿童图书馆之门,徒欲凭纸上空谈而是非之,毕竟谬之甚者也。

第十一章　学校图书馆

学校图书馆已如前述，为附属于学校之图书馆也。学校图书馆必要之理由如何。即教师必常自修，自期知德之进步发达，并对于日常之课业，不可无充分之豫备。又生徒固当受规定之课业于教室内，更有受裨益于教室外之必要。是学校图书馆必要之第一理由也。次则凡人在学校所习有限，去学校之后，与年共忘，常所不免。结局有就一般民众大学之图书馆，而补习之必要。故在为此准备之各学校，附设图书馆，在各教室，置小集书，使生徒或在校内，或持归家庭读之。是学校图书馆必要之第二理由也。故法国由一八六三年之教育部令，规定各公立学校，须设一学校图书馆。又奥国小学校令，令各学区，须设教员图书馆，各学校设学校图书馆。他如英美各国，靡不奖励设立。日本亦自明治三十二年之图书馆令，得附设于官公私立之诸学校矣。

参考　德国伯林之大学图书馆，室宇崇闳，有职员四十九人。大学教授借馆书，期可半年。他教授及学生，则以四星期为限。某年馆中出一规约，大学学生借书，必先诣大学图书馆，无者方得借诸官立图书馆。大学学生为种种反对运动，其制卒废。后此书籍，不论大学图书馆有无，均可向官立图书馆借阅。伯林大学以外，尚有地方大学十，各备图书馆。无论官民，皆得入读。非大学学生，入读借归，亦两许之。盖地方之大学图书馆，固公诸众人，而不仅以大学学生一部分为限。此为普鲁士制。此外各联邦，大都皆同。

如门占大学,私人欲读书者,先赴官立图书馆,苟证明其书为该馆所无者,则大学图书馆立可借出。惟借者须出保证金若干而已。此十一大学,普鲁士岁出补助金四十万元焉。其余音乐学校美术学校高等工业学校及各官立学校,无不设有图书馆。公众之人,不经校长许可,书籍不能借出。惟入馆阅览,则无人不可。

美国科仑比亚之大学图书馆,建筑非常闳壮。其他各大学,无不有大图书馆。即中学校高等女学校之图书室,美国亦至发达。非德国所及。学校中凡多读教科书以外之书籍者,必盛加奖励。故虽中小学校及高等女学校之学生,亦最善读书。盖美国人在世界中,为读书之国民。故其图书馆之发达,亦无有伦比。余尝至纽约之中学校,该校学生一千八百人。有学生教师公用之阅览室。每年购书费二千元。以教员一人督监之。得自由就读。并得借归其家。小学校中,亦备小图书馆,别无阅览室。但有贮藏书籍之处而已。纽约市中,亦特备儿童用图书,其比例每一儿童有书一册。其小学校,大抵有学生九百人者,年需购书费二百三十三元。教师之图书费亦在其中。凡小学校用之图书,皆由市中学务课检定。而以其目录配布各学校。各学校就所嗜书籍购之。

学校图书馆之分类 从吾人前为图书馆为分类之第一,则学校图书馆亦有公开非公开两种。又依据维持法之第二类别,则得分官立公立私立三种。又依据程度之第三类别,则为幼年(儿童)、普通、参考(又高等)三种。而以学校者,成自教师与生徒之两种团体,从此方面而区别之,则更成(一)教师用图书馆(二)生徒用图书馆之第四分类。总表之如下。

学校图书馆 {
　第一类别 { (1)公开之学校附属图书馆
　　　　　　 (2)非公开之学校附属图书馆
　第二类别 { (1)学校附属儿童图书馆
　　　　　　 (2)普通程度学校附属图书馆
　　　　　　 (3)高等程度学校附属图书馆
　第三类别 { (1)官立学校附属图书馆
　　　　　　 (2)公立学校附属图书馆
　　　　　　 (3)私立学校附属图书馆
　第四类别 { (1)教师用图书馆
　　　　　　 (2)学生用图书馆
}

　　今兹所专欲说明之学校图书馆,为见于第四分类者,即教师用图书馆及生徒用图书馆也。而后者亦专说其初等程度之生徒用图书馆。此又细分之如次。

生徒用图书馆
(但初等程度之生徒用) {
　一　普通者
　二　学级文库(教室图书馆)
　三　参考者
}

　　教师用图书馆　学校图书馆之经营,以要许多之费用,其势在小规模之学校,不能附设教师用图书馆。故近来欧美确执几多街村共同设置之方策。夫此教师用图书馆所备之图书,为关于一般教师之修养及教授上之参考书也。然此图书馆之目的,使教师为教授上之准备及研究外,尚有其他目的,即以学校教师动辄蹋蹐于教育之一小天地,自然有见识偏狭之虞,为欲矫此弊之设备也。

　　参考　德国教员图书馆,专为小学校教员而设。一在伯林,其书凡三万九千册,杂志百五十种。关于教员者为多。一为各处之教员救助会,会中学校教员借书之规则。约付保证金七元五角,则一年中欲借之图书,但在十元以内者,言于馆中,立即送至。读毕,复易他书。凡该馆所有,无不可借,如此循环不已,甚为便利。又凡市之大者,皆有市立之学校教员图书馆。其馆必在市之中央。

市内教员,悉至其处读之。或借归其家。门占市有人口五十万,其教员图书馆中书籍,教育类至为完备。每年经费九百五十元左右。每星期开三日。时间在小学校放课后,四时至六时。以备小学校教员借书。市长、学务委员长、市视学、小学校长教员、图书馆员六人为图书馆委员,定应购之书籍。哈诺巴市小学校六十五,各小学校中,仅备需用最繁之书。其用不甚繁,如心理学、教育学之属,则中央之教育图书馆备之,以为教育之补助。此图书馆,无特建之馆舍,仍设一小学校之中。以其图书目录,分送各小学校。一小学校教员管理之。年薪二百元。每星期开四次。以贷各书。时间皆在放课以后。此等图书馆,经费甚省,普制又有道立小学校教员图书馆,各道之道视学主之。国库每补助费合计五千元。德之南境巴巴利,有小学校教员补习所,于各道师范学校卒业生之补习教育,以备更受教员之试验。其处又立道教员图书馆。应购书籍由县署主之。

生徒用图书馆 生徒用图书馆之初等程度者(即小学校附属之生徒用图书馆)备如家庭之读物,少年书类,为有教育上裨益之图书,使在教科书以外,获得半娱乐的知识,涵养读书趣味,是为目的。

参考 德国所在皆有中学校学生及小学校儿童用之图书馆。盖游于欧美之人最可感心者。则所至无不设中小学校学生用图书馆或图书阅览室者。假令无之,亦必别有学生贷借书籍之处。惟中小学校学生,不论何书,皆得就家阅读。颇为非宜。故学校禁之,然但恃教科书,殊太狭隘。不当使之一无参考,故校中宜就应读之书略为设备。欧美学校盖无不然。普鲁士中学校,设学生用图书馆,学生全体,皆得借出之。小学校儿童用图书馆,凡教科书外之图书,大都完备。伯林小学校,凡第七第八学年(略视高等小学)学生,许借书归家阅读。其图书亦用架列于教室之隅。哈诺巴市之小学校,第六七八各学年学生,得任意借读。第三四五各学年学生,则以其中之某书为限。哈诺巴市人口约二十五万,有图书馆委员,以小学校校长或教员充之。儿童用图书应置备者,由委员选择。放课后,每周一次贷诸学生,遗失者由父兄偿之。购书费全市年需七百元。各联邦小学校,添购学生图书费。普学部岁有补助,一千九百〇七年,计一年中补助费一万七千圆。

英国伦敦市小学校儿童用图书馆,由市厅建立,书籍之数,大抵当小学校儿童每人一册。市厅有书籍检定委员十二人。委员以为其书,小学校儿童宜读者,则自各书肆送至。委员检定后,陈列于市厅之一室。小学校校长辄就其处,购归校中,以为常。

学级文库(教室图书馆) 学级文库,或名教室图书馆,指在教室内设开放之书架,通常备置五十册内外之图书者,近时欧美所盛施行者也。应于各教室及各学级而异其图书之内容,本来儿童随学级之升进,同变更其教室。故得年年接触新奇之图书也。此学级文库比公立图书馆,更便于供给儿童以必要之图书,且于同一学年间,亦容易变换其内容。

使用学级文库之方法不一,即以此文库之图书,置诸开放之书架,随时可得教师之许可,而儿童自取出图书,随时可以阅览,或贷与之,可使携归家庭。又教师时时取出此种图书,在教室朗读之,说明之,不但因是唤起教科上之兴味,又得试验其理解力也。又当课关于作文历史地理等科目之问题,得直使解参考图书之用,所以设置学级文库之学校,其成绩常良好也。试示美国纽约小学校内学级文库之实况。则此纽约市之小学校,从一年级始,实行学级文库。其图书合计有四十七万部。此外教师参考用六十二万部。使用破损后,更换新图书,一个年间九万六千部。彼地人在小学校,如何活用图书馆可想而知矣。此学级文库之目的,因欲使儿童(1)躬亲读书,(2)兴爱好良文学之念,(3)在受业外,作自进而读书之习惯。所以亦奖励其带归自宅,其限期一周间乃至二周间。

参考 普鲁士中学校,有分上中下三级而为各级备特别书籍者。有遍备各学极之书籍者。然其中学校并无规模完备之图书阅览室。但于教室之四隅，列架满储各书而已。此可法也。其购书费，如某中学校，每年支出一百二十五元云。

参考的生徒用图书馆　此主备直接有关学科目之图书及辞书事汇等。故于严密之意义，此种图书馆可补教室中正式教授之不足。实学校设备之一要素也。而在此种图书馆，老师就儿童之读物，负完全监督之责，不独指定目录，并为指示一定章、一定页，而使参考之。此外虽有对于儿童，奖励随意的读物，然儿童惟读其所指定者耳。此种图书馆之利用，失之过于严密时，往往陷于机械的毒弊。殊有虑阻碍儿童之兴味及思想之独立。若为学科目过多之故，在学校内外，有节约儿童努力之必要者，须由教师之指导，以计时间之节约也。此种形式之图书馆，备最优良最近世的图书，一千册以上，至三千册，足矣。

第十二章　图书之选择

图书之选择者，在图书馆为颇紧要，而又颇不容易之业务也。尤以普通图书馆更为其困难之大者。盖图书馆之选择法，依图书馆之性质，图书购入费之多寡，图书馆利用者之希望及必要，殆每馆而不能无异，是以欲立一定不变之标准，殊属不可能事。虽然，若如所谓贵重之图书费，当使用于最有效之一语，则亦自非无可为选择之标准者也。

抑占图书馆大多数之普通图书馆，决非图书之搜集，而实为其选择者。盖普通图书馆之所购入，每年不过多数出版图书中之一部分，纵令所购入及于几千册，亦总之选择耳。尤以严重限制经费之小图书馆，不得不在图书之必要上，行选择之选择。故欲选择适确，因图书馆之小而困难愈甚。设不然者，徒以多搜集不涉现代之无用古书，为毕图书馆之能事，可谓谬之至甚。其结果不独耗费贵重之图书购入费，并以无用之图书，充塞书库，其他目录上管理上俱增非常之烦累，终延及于阻害图书馆之活动耳。要之，在普通图书馆，方选定图书时，对于所在地一般人民之希望与必要，不可不费严密之注意。假若以社会之希望，为极劣贱而不之顾，纯从改良启发之见地，选择图书，其选择法纵令极尽精巧，然其图书毫不为一般读者所顾，终于当初之目的，不能达其十一而已。反是，纯然只注意社会之希望及必要，而选择之，则图书馆又甚遭抨击，谓其低落选择之标准，而迎合流俗之嗜好。是则必当有取乎两者之中

71

间,而制其最宜矣。

又普通图书馆非以收储保存图书为本能,而当使其藏书悉供活用运转者也,故既收容之图书中,如有时化渐过,而不蒙世人之一顾者,自当断行撤废,取与时势同一进步之用意,无疑也。且普通图书馆应备之图书,在于各科学之古典的名著,最良图书,及极通俗之图书,三者之范围。但其中通俗图书,有自始以来,寻至无人希望阅览之者,则即为豫定之废书,而易可选择之矣。盖凡惊动社会,震骇一时之大事件发生,则必有多数之出版著作,随之而兴,然其中能永传于后世而不废者,决不多觏,故置备关于时事问题之图书,固所望也。然而普通图书馆以此投机的图书,为永世之收藏,岂策之得。今假有专主搜集之普通图书馆,创立于百五十年之前,讫于今日则其中藏书,可见不关现代,毫无益于普通人之图书,必占大多数也。

一般世人对于诊藏之本,及罕见之书,比较的挥金不吝者也。然此等图书,除所谓珍本之外,别无何等之价值,使图书馆而亦以有限之经费,购此珍本,决非可赞赏之事。岂若以购此珍本之费,选择现代的图书,以广与利益于现在活动之人为愈哉。

普通图书馆每当有时事问题,正世论嚣然之际,须从陆续出版之夥多图书中,选择其善良者。此等偶发之事,不久当有编纂简要之图书三四册,采为永传后世之用,其余一时之述作,皆可撤去之。例如我国关于辛亥革命之图书,当时刊行颇多,至今堪值阅读者几何。此等之例,不遑枚举。故凡非有创作的价值之图书,若阅览时期一经过去之后,便当毫不顾惜,断然撤去之。

图书之选择,不可不依据健全之理法,即当购入各科最良之代表的著作物,决不可论价格之高低,或作者之国籍。又普通图书馆而亦购入价廉之覆刻丛书类,未免大无识见,且无效益者矣。凡丛书出版之图书类,大半为营利计,别无有何等公益上之主张。以代表的作家之著作,成一丛书出版者,尤以诗人小说家之著作,供阅

72

览者之翻读,最为恶劣。此种图书,不过以投世人一时之好奇心,为其目的,率以谬误脱漏之篇幅足成之。视其美丽之装订,疑似有利益,同时以谬误多故,亦有不利益之无可疑,是此种图书之特色也。但亦有著名信用之丛书不尠,图书馆要当细审玉石,善为甄别,勿永贻后悔可耳。

更就图书之国籍,当一言者,在图书馆管理上,爱国的精神之存在,原为美事。然普通图书馆往往有因之转形不便者。故不问生物学、地质学及其他各科学,凡属传导最良最新学说之图书,皆当有一种宏量,不问其著者国籍如何,一切购入之也。

在通俗图书馆,不问图书之流传,为一时的与永久的,概当备二部以上,是最要严密注意之问题也。设今有某图书馆购备某种类之图书,每种数部,自不第减少他部类图书之购入能力。且关于该图书馆之藏书,易起世人之误会。例如今其图书馆所藏小说,号称六千部,而因购入同一图书数部之故。于事实上,仅等于备三千部。如近时流行之小说,其出版时虽博一时之赞赏,然大抵不数年而已为世人所忘却。若此而亦须备数部者,岂非毫无意义耶。但此所述者主为小说杂志之类,其他部门,则殊希有发生如是问题者也。

又次,就乡土关系图书,当一言者,普通图书有广搜集其所在地关系图书之必要,无待特论,然而有当搜集购入者,与可不必然者,其间之去取甄别,甚困难之问题也。且所谓乡土关系图书者,果何物也,则凡有下记诸项之一者是也。

一　关于该省县市乡村之书籍,不问刊本与写本。

二　图画地图及类于是者。

三　特为该地方印刷之书籍。

四　该地方出身者之著作及其传记肖像。

五　该地方发行之新闻杂志。

六　该地方著名之建筑街衢人物或事件之写真。

七　该地方官公厅等之出版物。

凡称乡土关系图书者，大体如上，然方其搜集之也，与其一时急于尽数集之，毋宁常常注目，自然来集之为愈耳。但此种图书，有多数为个人所藏，而捐赠之，及由图书馆购求之者，不在此限。

以上所述，关于图书之选择，稍涉纷歧，而为就极重要之问题论之者也。兹更列举普通图书馆选择标准之要项，凡如下。

甲　置备图书选择标准

一　足资养成国民性之图书。

二　日常生活必须之参考图书。

三　增高风尚长进智德之图书。

四　适于一般公众涵养健全读书趣味之图书。

五　可资学术技艺钻研之图书。

六　促进产业发达必要之图书。

七　适于自修及补习之图书。

八　家庭读物适当之图书。

九　关于所在地方之图书记录，及其地方人士著述之图书记录类。其他前举于乡土关系图书中者。

乙　良书判定之标准

一　创作的著书。

二　各分科之代表的著书。

三　有永久的价值之图书。及人皆奉为典据之图书。是实可形成藏书主要部分之图书也。再加现代之通俗图书。

四　文学史上列名文学者之著作物。

五　专门学者之专门著书。

六　印刷无谬误脱漏，纸质装订坚牢之图书。

七　政治、法律、经济、统计、理科、地名人名录、地图、年表、旅行指南等书类之最新者。

八　个人不能购入之稀有及巨价之图书。

丙　实地选择所需之参考书

一　关于新旧图书之参考书。

1　中外古书目录。

2　各图书馆目录。

3　图书总目录。

4　各书肆之发行图书目录。

二　关于新旧图书内容之解说并批评之参考书。

1　书史类。

2　解题书类。

三　关于最新刊图书选择之参考书。

1　本国图书馆协会选定新刊图书目录（例如日本图书馆协会所选）。

2　国立图书馆馆报。

3　关于图书馆之新闻摘要（例如日本东京切拔通信社所为）。

4　图书月报。

5　各书肆新刊书目等。

四　关于最新刊图书之内容，并批评之参考书。

1　本国图书馆协会选定新刊图书目录。

2　关于新刊介绍并批评之新闻。

五　公认之良书目录。

1　本国图书馆协会选定新刊图书目录。

2　教育部选定图书馆图书标准目录（例如日本文部省选）。

3　某名人选儿童书目（例如日本竹贯氏选）。

4　某报纸选定百书（例如日本时事新报选）。

5　第十九世纪中之大著述书目（例如日本学灯）。

6　教育部认定通俗图书。

7　教育部选定中等学校课外读物目录。

8　教育部发行先哲著述目录。

9　罗白克氏选择良书百种。

10　美国图书馆协会八千册书目。

上即关于图书馆选定须知之主要者,从最新图书馆研究之设想,加以若干补订而成者也。然则依上要项,当选择购入图书之际,使各科之分配比例最适当,使用图书费于最有效之方法如何,是即待诸图书馆长之手腕,兹为参考计,揭日本山形县立图书馆所调查之分配表如下。

（1）图书费分配千分率

科　　目		千分率		摘　　要
和　汉　书	新　书	六〇〇 }	七〇〇	
	旧　书	一〇〇 }		
西　　洋　　书			一〇〇	
定　时　刊　行　物			一五〇	
补　充　图　书　费			三〇	
装　　订　　费			一〇	
合　　计			一、〇〇〇	

（2）和汉图书费各科分配标准千分率

分　类　科　目	千分率	支出范围	摘　　要
神　书　宗　教	三〇	三〇	
哲　　　　学	四〇 }	七〇	
教　　　　育	三〇 }		
文　　　　学	一七〇 }	二〇〇	
语　　　　学	三〇 }		
历　　　　史	七〇		
传　　　　记	八〇 }	二一〇	
地　志　游　记	六〇 }		五十一

政　治　行　政	三〇	
法　　　　律	四〇	
经 济 财 政 统 计	三〇	
社　　　　会	二五	一六五
家　　　　政	二〇	
兵　　　　事	二〇	
数　　　　学	二五	
理　化　博　物	三〇	
医　　　　学	三〇	一七〇
工　　　　学	二五	
农业 商业 工业 交通	六〇	
美　　　　术	二五	四五
诸　　　　艺	二〇	
总　计　杂　书	五〇	五〇
徒　　　　弟	三〇	三〇
关于山形县及山形县人著述之图书目录	三〇	三〇
合　　计	一、〇〇〇	一、〇〇〇

　　此表原系参考勃朗氏窦那氏之分配率及日本大阪府立图书馆、大桥图书馆所藏图书数等,斟酌该县之状况而设定之者。

　　虽由上述之标准选择之图书,然亦有置备后,经过或期间更无利用之途者。故普通图书馆须常不绝注目于时势之推移,务为不落后尘之设施。如有无用图书,足为新购图书,留书库之余地者,必当毅然撤去之。此问题在普通图书馆尤为重大,是以勃朗氏设如次之法则。

废书撤去准则

一　理学

不能在学界开一新纪元,而仅为编纂已往之事实者,经过二十年,即可撤去之。但虽甚旧,而未见有胜之之良书时,不得撤去。

除数学及阴阳学外,其他普通理学书经过二十年,得撤去之。但美丽之插画书,特关于动植物学等者,此种书籍,撤去之际,要深考量而出之。

二　有用技术

与理学书类准用同一之法则。但专卖特许解说书、药方、家政书及精巧之插画本,当保存之。

三　美术

在此类中,可撤去者极少。如印画帖、美丽之插画本、音乐书,绝对不可撤去。

四　社会科学

此类图书,时须增损。关于经济,政治、法律,及教育者,尤然。论时事问题之图书,有历史的著述出后,得更换而撤去之。关于法律政治及经济等,时时变化之事项之图书,务当备其最近者。关于已属历史的过去之问题,可以关于最近世界之图书代用之。虽一时舆论沸腾之问题,然备数种最近世史,则无异关于各个之问题一一搜集其庞大之文献矣。

五　哲学及神学

哲学书类中,尤以其关于系统之图书,决不可撤去。哲学史及哲学解说书类,更有优秀之著述出版后,不妨撤去之。旧神学书及圣书注解、各宗图书、说教书类得自由撤去之。关于神学上争论之图书,除与乡土有特殊关系者外,普通图书馆决不可搜集。

六　历史及地志

单记要领,无创始的价值之史籍,可速撤去之。然有插画者,不在此限。普通旅行游记及各种旅行指南记类除关于乡土者外,购备后经过十年可撤去之。然有插画之名胜图会类,撤去时大要注意。探险记类之创始的图书,当保存之。

七　传记

丛传类决不可撤去。平凡之个人传记,经四五十年,自可径即撤去之。

八　语学及文学

旧文法书及普通之学生用辞书,亦不妨径即撤去之。文学史、书史学、图书馆学等书类,即为图书馆员所常用者,故不可撤去。

九　诗歌及戏曲

全集、选集等非更有优良之同种图书出后,不可撤去。其一时的诗人及戏曲家之著书,不久即为阅览者所轻弃者,亦不妨撤去。但名列文学史上之著者所作,不在此限。

十　小说

文学史上列名作家之著作,不可撤去。文学史上不列作家之著作,及一两年已无人阅览者,可速撤退之。图书馆往往有为兜售所强,不得已而购入之图书,如单以营利为目的之一时流行小说,亦当速撤去之。又不论何种小说,无害于风教,而常有人阅览者,自当保存之。

关于图书馆置备图书,选择须知之要领,略尽于此。其次问题,即此已选择之图书,如何购买及收入之手续也。

第十三章　图书之购买及收入

依据前章所述方针,选定之图书,于一定之用纸记入书名、著者、出版地、出版年月、装订、发行所、价目等于其上,就书名笔画之多少(西文书则依著者名姓 ABC 之顺序)依次整理之,作为采办目录。而交付于与馆中往来之书店。但此采办目录,交付书店以前,必备副本,不可少也。

在新设之图书馆等,如欲多数购入比较的出版年月不新之图书者,与其在专售新刊书之书店,宁在新旧兼售之书店采办之,此时可比同一本之新本,得定价七八折乃至五六折扣之利益也。又不然,购入多数图书之际,将前述之采办目录,提示于二三书店,视何店之价格最低,即向之采办,亦为经济的一法。此外时有新刊书,可与书店特约,使其随时将新刊之实物,先行提示馆中,不特可省采办之手续,且于置备图书之选定上,颇便善也。若采办之图书既到,则先查照其发票与实物,次核对采办目录之副本,已无差误之点者,图书则押捺藏书印、收入号数印、收入日份印等。发票则转交会计科,另有支付代价之手续。

若有会员组织之刊行物,及其他豫约出版物,则其选定之须费慎重之注意。而购入之手续,非一次可了,有支付少额金钱之烦累,故不如仍向往来之书店,由彼购入之为便利。新闻纸、杂志及学校讲义录等亦同。至其收入,总属阅览室科之事务,迨一月分,乃至数月分,合并装订后,始便于正式收入之也。

馆中对于捐赠书,须备捐赠簿(作书牌目录亦佳)及谢帖。在其图书,则押捺捐赠印,又贴附代表之小票(记入捐赠者之名者)。此外与购入图书同一处置。捐赠图书之谢帖,普通依该图书之价格(往往评定价格)区别为二三种。凡采办捐赠图书之收入,以登录原簿为最终手续。此原簿之事情,已见前述。而原簿之记入、保管、整顿,以在馆务中特属紧要者,普通离去事务分掌上一般之收入科,而更为特别之事务矣。

第十四章　图书目录及其种类

图书者,知识之宝库,而目录者,其键也。图书馆任何藏有多数之良书,而不讲利用之方法,则藏书等于死耳。反是,而其方法手段之整理愈善,则阅览者愈得便宜,而其藏书得活用于社会各方面,利用于各阶级矣。顾为此活动之基,成此利用之因者,目录也。虽图书馆之业务头绪繁多,然如此编成目录之业,至难而甚有兴味者,殆其余所莫及,此盖非局外人之所能窥知者矣。是故目录者键也。键者坚固而轻便。自键之所有点而观之,不能不完全。目录之要求亦同此。然则凡图书馆之目录,当备何种条件耶,试先列举夫凡人欲登馆阅览图书之要求。

　　一　有人但知图书之书名,而来欲索之于图书馆者。

　　二　有人但知图书之著者,而来欲索之于图书馆者。

　　三　有人全不知图书之书名与著者,而惟欲索彼记载某事项之书物者。

若有制作,足以使三者之要求满足者,图书馆之键可谓完全而便利矣。目录之能事,在使阅览者满足检书之要望。若因目录不完全,而不能使此要望满足者,其图书馆从事者之目录科,当谓之不尽责任者。夫最多数之公共图书馆,有上下高低一切知识阶级之人,为其顾客也,则自亦不可不于其目录,示充分相对之用意明矣。

　　目录之种类　由前节所记阅览者之要求,得分目录之种类,如

83

下。

（一）书名目录。

（二）著者目录。

（三）分类目录。

（四）件名目录。

又从形式上以观目录时，为如下二种。

（一）书牌目录。

（二）书簿目录。

而此二种目录，皆得各分为书名、著者、分类、件名之四种。合之凡八种。八种各有长短，而效用不同。

书牌目录之特长，在于图书日行增加，而其记录亦得随之而增加。其记录者，不问书名著者分类件名诸目录，皆得自由插入其当然可占之位置。又如撤废图书之时，易于从目录中剔除其所记录，亦此目录之所长。但用书牌目录，不能不一片一片检索之，故于时间或要延长。然以得秩序井然，系统不紊，故于搜索确实之点，非书簿目录之所及。

书簿目录之所长。第一、因其形体之为册，图书馆以外，所在皆得自由检索。第二、较书牌目录，无检索上烦杂之虑。有一目可以数行乃一页之便。

如上所述，书牌目录、书簿目录各有特长，然书簿目录不能以新增图书之记入，加于其当然之位置，概只能加于其已记者外之余白中。故于记入上，殆无整理秩序之便，从而欲检索所要之一书，往往有不审何在之苦。反是，能应于索所要图书之要求，最迅速且最简便者，书牌目录也。

以书牌书簿两种目录为原型，而又别有目录之一型者，印刷目录也。此从书牌目录或书簿目录随时可以作成之者。即于或时间取两种之一，稍加整理，而付之印刷是也。比于两种目录，专成于笔写者，易读阅，易携带，且以数百千部之复本，而广目录之流传，为其特长。故欲不登图书馆，而究其内容者，此目录之效用颇大也。然印刷目录系踵两种原型目录之一而成之。其制作须费多额之金钱及劳力，而内容只可限于一时期，不能收载以后增加之图书。故继续存在之图书馆，其印刷目录，须常临时续刊。以至数年之后，印刷目录至数编数十编之多。如此而欲检索一书籍，以通览各编册，是又极繁琐不堪者也。况最后一编未刊行之间，新增加之图书，更难应阅览者之检索。故近年欧美诸国，已排斥印刷目录，惟倾注全力于书牌目录之完成而已。但就固定不增长之文库（例如名家遗书之一团）及其他一定之集书类，则作印刷目录，以广其用之例，复不少耳。

书牌、书簿、印刷三种目录之长短，总如上述。就中最卓越者，厥惟书牌目录。以下主以此为目录之本型，而人于书名、著者、分类、件名，诸目录种别上之说明。

（一）书名目录 此从书名即图书之表题（标题）记入之者，在中日书，以书名笔画之多寡为次，西文书以 ABC 为序，编作一系统。此际，取书名为记入之标目，其下，录著者及其他必要事项。此目录，在我国及日本沿用已久，为各种中日书目录之基础者也。如我国在前清之张之洞书目答问及四库书目、追溯汉唐史志及六经题名，无一不以书名为基础是也。

（二）著者目录 此从著者之名，记入之者。在中日书，以著者姓名笔画之多寡为次，在西文书以 ABC 为序，编作一系统。此际，以著者名为记入之标目，其下录书名及其他必要事项。此目录在欧美诸国沿用已久，为各种西书目录之基础者也。如我国虽不沿用，然先秦古之以名名书如庄周之庄子，文种之文子等类及近代个人丛书类之冠称某氏者，莫不以著者为基础，亦非无其例也。

（三）分类目录 此据图书从属学问上之种别，集同种图书于一处主义之目录也。此目录在多数图书之编上排，始显其特色，而各个图书之记入法，非有特殊于前记二种之基础目录。即中日书

85

之分类目录，以记入书名为主，如书名目录。西文书之分类目录，以记入著者为主，如著者目录。然后分配各书于各该当类名之下也。此目录之效用，比书名目录及著者目录，只有间接之意趣。然仅知学问之分科，不知书名及著者者，亦便于检得所要之图书。又如不论知一书之书名及著者与否，同时得多寓目同种类之图书，颇有利于学者研究家也。但分类目录之短处，在分类全属人为，古今人我，标准不能一定。从而目录有各别之分类法，往往足以眩惑检书之人，不可掩之事实也。于是一则坚言之，因民智之进步，而古分类法，不能满足时世之要求。如我国今日不满足于四库书目之分类法，而必更求进步之分类法是也。又一则横言之，非稍有研究者，不能利用分类法，难于充分到达奖励读书趣味普及之目的。而不能不为毫未有研究分类法之日力者，更求便法。如下列之件名目录等是也。

（四）件名目录　此从图书之主题记述事件事物记入之者。件名之下，在中日书，则先从书名起，在西洋书，则先从著者起。而件名之排列，在中日书，当以笔画多寡为次。在西书，当以 ABC 为序。此目录因标目件名，与其下图书之关系，每多直接，但索件名，即易得遂检书之望。较之分类目录，须施少许之抽象概括等，烦检书者之劳心不少者，难易悬殊，则可想像而得件名目录，效用之伟大矣。欧美诸国渐见盛行此种目录，而美国为尤甚。此真共和国图书目录之好模范，足以使图书馆之效用，到达普及公众读书趣味之目的者也。

件名目录既如前述之甚重要。然而在我国今日，以比于书名目录著者目录分类目录三种，尚有甚为世人所不能悬想者，诚可谓遗憾之至。兹就此目录之特长，特细为说明之。

先因欲示如何为件名录，举日本某氏所记一简单之实例，如下。

件名	书　　名	号　　数		
砂糖	砂糖			
	本邦糖业 _{下斗米半治讲　明治三九}（早稻田大学商科讲演内）		四〇	六九四
	各国砂糖统计 _{东京税务监督局 明治三八}	〇一	一四之四	二三九
	冲绳县 糖业论 _{仲吉朝助著 明治四〇}	〇一	三一	四三二
	砂糖制造法 _{下斗米半治著 明治三八}	〇一	九九	六一
	砂糖制造法 _{下斗米半治著　明治三九}（化学工业全书第十三册内）		四五	一九〇
	万国砂糖会议前之砂糖趋势 明治三七（内国税彙纂第十九号内）			
	杂志			
	砂糖新报 _{砂糖新报社发行　自第一号}（明治三十九年九月）起		杂四九	一七一
	糖业周报 _{横山公报社发行　自第十八号}（明治三十八年十二月）起		杂四九	一七〇

如是,则件名目录者,在一特种事项之下,关于其事项之图书馆藏书,可以一目了然者也。而检书者发见此件名"砂糖"之劳费,适等于就辞书搜索所要之语,极为简便。无若翻分类目录之不便,必须豫先攻究其图书馆分类法之大要也。今有人来图书馆,欲就"砂糖"有所调查,先取分类目录,究须在何部门索所要之书,不能无疑。何则,砂糖者,自其耕作之点观之,则属农业,自其制造之点观之,则属工业,自其卖买贸易诸点观之,则属商业,又自其他诸点观之,而砂糖且有关系于植物学药物学者,单就一所谓砂糖之问题,目录检索上之困难已如此。更进而至于调查,则在欲得"制糖之历史""关于制糖之器具""砂糖之使用"等记载之图书,又果当在何部类搜之。然若此际弃分类目录,而采件名目录者,则此等困难,解除易易耳。即如前揭在件名"砂糖"之下,关于砂糖之记载,悉萃集而成秩序的排列,不问其关于农业、关于工业、关于商业及属于其他一切部类,苟为其馆所藏之该种图书,一目而可知之。又举他之一例,今有欲就犬有研究之阅览者,假定此人亦由分类目

录而索记载犬之图书,此际非先研究分类法之后,知犬在动物学之门,属于其有脊类中胎生(纲)肉食(目)之部者,则不能索中所要之图书。第其烦劳之多,尚可也。至于非专门家则不能得搜索之便,可谓迷惑亦太甚矣。反是,由件名目录,则但检出"犬"之件名,而直即得见关于其一切之图书,是两目录之利钝便否,非相距大远哉。但当注意者,件名目录之弊,有往往使事物彼此之关系烦杂,而难得的确为其目的之件名,此际必一一遍加参照,例如题曰"海之物理学"一书,出于件名"海"之下,更须参照于件名"物理学"之项是也。但此种参照,不独件名目录,即在书名著者分类之诸目录,亦见其必要也。

上述四种目录,各成独立之体裁,而异其目的与效用者,当略为读者之所解了矣。且此等目录得由便宜两种以上之结合,而大其效果者。例如书名目录与分类目录之结合、著者目录与分类目录之结合。而此等结合之际,通例二种之一为本文。又一为附录,此附录,最普通者,取索引之形式。即如书名分类二种结合之际,书名目录为本文,分类目录为索引。又在其反对,则分类目录为本文,书名目录为索引。若件名目录,亦与书名目录或著者目录结合之际,可更比其单独者,遥示多大之效力。虽然此种之结合,不甚紧密者也。何则,是固无论何在,皆两种目录,互为离隔,而守各自之领域也。以故近顷美国图书馆学者,有创建特殊之浑成目录,此系打合书名著者分类件名之四种目录,而为一团。其效用亦兼并四种目录之效用。即知书名而检索之者,知著者而检索之者,索之于分类上者,索之于件名上者,总由此目录,皆得各遂自己之望。盖可谓最完全之书目,殆近于吾人之理想者矣。此目录之编成法,不外于并用书名著者件名三种目录之记入法,但只分类,不依普通分类目录之编成法,大都以类目为件名而处理之。唯就文学之种类,例如诗歌小说戏曲等,难以件名表出者,存其类目而已。且书名、著者、类目、件名之排列顺序,一据各标目之文字顺序(如笔画先后及字母顺序），如此编成之目录，具颇似辞书之体制。检览之法，亦全同于就辞书而索所要之语，故仍名此目录曰辞书体目录。

第十五章　书牌目录记入法

　　目录用之书牌,我国现尚不多购,日本习用已久。然亦无一定之型式。通例,具大小二种,以形大者,充阅览室用目录,形小者,充事务室用目录。皆有界线,(横线七八行,纵线二行)其界线之色为淡蓝。有最上之横线一,及纵线二,为淡红者。其纸,因以洋笔记之,用洋纸。有弹力,坚牢耐久,而尚墨水之吸收佳者,非徒择厚者也。于书牌之下方中央,穿圆形小孔,备编入抽斗,防其逸出,通串以金属小棒。欧美近来有欲画一书牌大小之倾向,如英美两国,已定共通之大小(纵二寸五分横四寸一分五厘)矣。是以在美国,则购入议员图书馆发行新刊书之印刷书牌,而为各馆,轻减笔写之劳者,要该印刷者牌,与笔写书牌之型式上一致也。又纵令不购入印刷书牌,当采办白地书牌,而定置标准形时,亦有省种种劳费之利。将来我国采用,亦当以施行划一制为宜。书牌之型式,通全国而一定,则商店可以豫制造之,应随时之采办,而立即可以提供。故为普通商品,而价格亦当低廉也。

　　既定目录之本型为书牌目录,又知书牌之样式而后,兹当述书牌记入之大概。依便宜而述之,区别为关于中日书之记入法,及西洋书之记入法。

　　(甲)中日书书牌记入法

　　抑书牌目录之记入法,依据一定之规则,即目录编纂规则也。我国今日尚无可为标准之目录编纂规则,兹为说明上之不得已,就中日书,揭日本图书馆协会制定之概则,以供参考,如下。

和汉图书目录编纂概则

第一　书名

一　书名,主取其记于卷头(卷端,凡书第一卷之起点)者,不可妄加改削变更。

二　卷头无书名者,当取其记于题签,见返(前表纸里)或扉(表题纸)等之书名中,认为最适当者。

三　记于题签,见返,或扉等之书名,异于卷头之书名者,并一书而有异名者,当补注之,应于必要,更附参照。

四　缺书名者,当新附适当之名,其不备者,补正之。

五　丛书,除取丛书名之外,当列记其细目,应于必要,更以各个之书名,分出之。

六　合缀书(合订本)及有独立书名之附录,当以各个之书名,分出之。

七　逐次刊行物之书名,有顺序数者,当以除之者为书名。

第二　著者

一　著者,以取本名为原则,若该著者于其书有署雅号,其他之别名者,当补注之,应于必要,更附参照。但在关于文艺学术者,当以著者最周知之名,代用本名,应于必要,更附参照于本名。

二　著者本名之一部分不分明者,当取其分明之部分,本名全不分明者,取别名。

三　丛书,当取其编集者名,其所收集之书,各取其著者名。

四　系于府县市町村协会,其他团体者,当取其团体名,特有著者之记名者,补注其著者名,应于必要,更附参照。

五　翻译书校订书及注释书,当合取原著者并翻译者校订者及注释者,应于必要,各分出之。但无本文之注释书,当省略原著者。

六　系于二人之合著者,当取二人,三人以上之合著者,取最先之一人,记某等应于必要,分出各著者名。

七　著者之为外国人者,当并揭著者名及其国籍。

第三　关于出版及书写诸件

书名及著者之后,当记如下诸件,但记于括弧内者,当任编纂者之随意。

一　刻本写本之区别。

二　出版地。

三　出版年纪。

四　版式及书写之种类。

五　出版次数。

六　卷数及册数。

七　图书之大小。

八　装订之种类。

九　(出版人)

一〇　(插画不在地图肖像及本文中之数)

第四　目次备考及杂项

一　目次者当在唯祇其书名,难解其书所记之事项者,揭之。

二　凡便于图书搜索之参照,及明了图书性质之备考,必当附之。

三　略语符号及书式,当别从所定。

第五　排列

一　书名,其他之排列,概当从五十音顺。

二　书名及著者名,有二种以上之读法者,当依认为最适当者,排列之。应于必要,附参照于他之读法。

三　有冠称之书名,除冠称之必要者外,概当依本称排列之。但冠称之去取,难一定者,当应于必要,附参照于一方。

四　同一书而有刻本与写本者,当先刻本。

五　同一书而有两刻本者,当先刊年刊刻之年代之古者。

附录

概则第二之注

七　当记英、美、法、唐、宋、清、高丽、朝鲜等。

概则第三之注

二　当记发行所之所在地。

四　写真版,影写等。

八　和装、洋装、轴、帖等。

九　非出版署名人之义,当记如博文馆,三省堂(皆日本书店名)等之发行所名。

关于概则第四之三者

其一　略语

(甲)　著—著述、著作、撰述、撰著、讲述、口授等。

(乙)　编—编辑、编纂、辑录、纂辑、编次等。

(丙)　译—翻译、译述等。

(丁)　注—标注、旁注、增注、冠注等。

(戊)　补—增补。

(己)　写—写本。

(庚)　刊—刊本。

其二　符号

(甲)　[ ]补足文字者。

(乙)　( )作写补注者。

(丙)　? 示疑者。

(丁)　、示字句断绝者。

其三　书式

暂不定一定之书式。

上述系日本通行之目录编纂概则,就书牌记入法与排列法,而规定其大要者也。我国今日不得不让彼为先进,而正可借作考镜之资料。尚恐第此本文,不易使人了解,更复为之逐项注释,以为从事图书目录编纂者之南针。其不要说明之条项,省略之。

第一　书名

一　书名,主取其记于卷头者,不可妄加改削变更。

二　卷头无书名者,当取其记于题签,见返,(前表纸里)或扉(表题纸)等之书名中,认为最适当者记之。

但称之曰书名,而书名实际非一律者,不免因书中记载之所在,而有些少之差异。究当取其记于何部分者,往往在编纂目录者间,成一问题。据或在题签,(记于前表纸左边或中央之书名,在洋装书,多以背表题为其代用)或在表题纸,(记书名著者及发行所等,特插于本文前之一页,中西装皆有)或在前表纸里(记载事项,略同于表题纸,多写中日装本)等,由编纂者之心手而不一定。本条"主取其记于卷头者云云"者,总对此等疑问而与之解决者也。夫记于卷头之书名,宜得视为最完全最真实,表明该当图书者。除此卷头,则题签及扉之书名等,亦足征信。盖题签往往因易于称谓书名,而稍施省略者不少。又表题纸之见于近时洋装本者,似颇相当于西洋书之表题纸,(Title-page)而实则比西洋书之表题纸,未得云精确也。与曰实用,宁谓为装饰者耳。故本条规定其原则,以据卷头之书名为妥当。然必谓书名当绝对的据卷头者,则又不然,即虽卷头之书名,而为书名之不适当者,自不得不舍之,而求诸题签及其他。求诸他而尚不得者,当有不得已,见适宜补正之之必要。要之,本条规定目录编纂者毋任意加省略或变更之事,当尊重卷头之书名,而曰"主"曰"妄"者,不越夫限于不得已者,乃与以去取之自由耳。

三　记于题签见返或扉等之书名,异于卷头之书名者,并一书而有异名者,当补注之,应于必要,更附参照。

书名每有不以在卷头者称之,或以在题签者为汎广通用者。有虽或在一般者不通用,而学者之多数,以卷头以外之书名,若别名,记忆之者。是即所以有补注之必要也。

所谓"应于必要更附参照"者,谓为他日编成系统的目录之书名目录,而预为之地。于异名亦认为重要者,得由是检出之,附以参照也。所谓附参照者,于异名之题下,示关系原名之交涉于异名也。即记入书牌,之际,记异名于书牌,在其下,注记"见某某"(本名),又注记"与某本(本名)同书"是也。

　　四　缺书名者,当新附适当之名,其不备者补正之。

　　所谓"缺书名者"谓卷头勿论,表纸其他之部分,亦全不见书名者。所谓书名之不备者,指虽相当于书名而其为书名,尚不完全,或完全无意味者也。

　　五　丛书,除取丛书名之外,当列纪其细目,应于必要,更以各个之书名分出之。

　　所谓以各个之书名分出之者,谓以丛书中收录多数图书之书名,一一记入于别书牌。但于此之际,一切记载事项既终,该丛书无卷数者,单注明"某某丛书。"有卷数者,当注明"某某丛书第几编或第几卷。"是以各个之书名,所记书牌,编成系统目录之时,各可独立而显现,乃谓之分出也。

　　六　合缀书及有独立书名之附录,当以各个之书名分出之。

　　所谓"合缀书"者,谓便宜上装订同种或异种之书为一册者。其合装之书籍,虽有几种,当概为同级同格者处置之,不可因纸数之多少等,而轻重之。

　　七　逐次刊行物之书名,有顺序数者,当以除之者为书名。

　　所谓有顺序数之书名者,谓如报告类,每当出版,书名中回次,表以数字之变更者。所谓以除其数字者,是固无待言,为欲一定其书名也。此等削除之数字,当适宜移以注记于记载事项中。

　　第二　著者

　　一　著者以取本名为原则。若该著者于其著书,有署雅号,其他之别名者,当补注之。应于必要,更附参照。但在关于文艺学术者,当以著者最周知之名,代用本名。应于必要,更附参照于本书。

所谓"本名"者,指正当氏名而言也。以取本名为原则者,为欲整齐目录上之体裁也。然若强改本名,不示其署于书籍之名与本名之关系者,不可谓书史学上忠实之方法。本条有所谓"署雅号其他之别名者补注之"者,为补此阙也。但当知此限于本名之已署者。若本名之外,雅号及其他之并记者,同于其不并记者,只本名足已。自来我国人撰述之书,多见此例。(如姓名下附台甫)复次,所谓著者最周知之名者,例如我国自来小说家,其本名不如雅号或变名之多见知于世,(日本小说家亦然)或有本名全属不明者。当在此等之际,不妨取雅号等矣。但就同一人而在文艺书类,取雅号,在他书类,取本名,此等不画一之事,断然不可。盖通一编之目录,表同一著者以同一名者,目录学上之原则,不可忘也。

二　著者本名之一部分不分明者,当取其分明之部分。本名全不分明者,取别名。

所谓著者本名之一部分不分明者,谓如氏明而名不明,或名明而氏不明者。当以氏分明则取氏,名分明则取名,不可因不明之部分,而并分明之部分亦放弃之。其在氏名全不明者,不得已,当取别名矣。

第三　关于出版及书写诸件

书名及著者之后 ,当记如下诸件。但记于括弧内者,当任编纂者之随意。

一　刻本写本之区别

二　出版地

三　出版年纪

四　版式及书写之种类

五　出版次数

六　卷数及册数

七　图书之大小

八　装订之种类

九　（出版人）

十　（插画不在地图肖像及本文中之数）

上列之中，第二三五九之四项，属于刻本。第一、四及六、八、十之诸项，属于刻本并写本。尚有刻本，得便宜省略第一项者。

第六项之卷数册数，有一致者，有不然者，概当精密记载之。但一册者，或与他书合装等，而不成一册者，得省略之。

第七项图书大小之记载，尚无一定之标准，从来别为大中小之三者，亦以三者比较而名之，或以连史毛边等纸之裁开，共分几开，为大小之区别者，而不能以施诸洋装本，仍属未定问题，然早晚有划一之必要也。

第五　排列

一　书名及其他之排列，概从五十音顺

所谓五十音顺者，日本五十假名之发音顺序，于我国为无用，可勿论。然日本固当用汉字者，有相类似可考之要点。一，我国近亦创注音字母，将来亦用注音字母之音顺与否，殊未敢知，然毕竟不如用罗马字母之音顺为便。又一，我国文字除用笔画之多寡为次，以便检查外，更无良法。日本用汉字之辞书索引，不但单字依笔画之多寡，即复字之第二第三字，尚依笔画之多寡为次，此可法也。

三　有冠称之书名，除冠称之必要者外，概当依本称排列之。但冠称之去取难一定者，当应于必要，附参照于一方。

所谓冠称者，谓形容或局限书名之文字，以双行或单行之形式，冠于本书名之上者也。冠称之必要者，谓除冠称，则难于使书名有完全之意义者，是也。

以上不过大体之诠释，异时我国有相当之图书目录编纂规则，即当去此为覆瓿，而就我所有者，详释之矣。然欲从事斯业者，要先从实地经验着手，毕竟其详细，有非区区之本书所能尽也。

由前所述者观之，则图书目录编纂之必要条项者，五题目，即书名，著者，关于出版及书写诸件，目次备考及杂件，排列之五者也。其中前四项为书牌记入法之要件。因举此等四项之记入法，以毕中日书牌记入之说明。

中日书之书牌记入，又从系统目录之用途不同，而分为如下数种。

（一） 书名目录之书牌记入

（二） 件名目录之书牌记入

（三） 分析书名目录之书牌记入

（四） 分析件名目录之书牌记入

（五） 参照目录之书牌记入

（六） 概括目录之书牌记入

今就此六者，一一揭例而说明之。

（一） 以编纂书名目录之目的，所为书牌之记入法者先，记入书名于书牌之第一横线之第一纵线，著者名于第二横线之第二纵线，次乃以关于出版及书写诸件，仍依上揭之顺序记之。而第一横线之第一纵线左，记函架号，在其下，隔一线乃至二线，记入分类。以图示之，如下。

983－6	医学	辞汇
		万钧编　上海　民国七
		中　洋装
医学		
西医		
		○

（二） 以编纂件名目录之目的，所为书牌之记入法者，略同于书名目录之所为，而记入之位置稍异，系记入书名于第二横线之

98

第一纵线,著者名于第三横线之第二纵线。以下依例记入诸件。最后,记入件名于第一横线之第一纵线左,在其下,隔一二线,记入函架号。以图示之如下。

医书		
	医学	辞汇
983 – 6		万钧编　上海　民国七
		中　洋装
		○

（三）　分析书名目录之书牌,系用于一书中,包含独立之书数部,乃至数十部时,一一分出其各书,以应于检索者。所谓丛书中之各书,普通皆如是分出之。而分析书牌之记入法,概同于独立之书名书牌所为。在其后,设括弧,记入其从属之总书名,（丛书名等）及卷数,以示两书名之关系所在。以图示之,如下。

333 – 21	全汉	三国晋南北朝诗
		丁福保编　上海　民国五　中装
		中　（丁氏文学丛书八）
文学		
中国文学		
诗		
		○

分出书名,往往有直接间接两重之总书名者。例如"管子"中有"弟子职",而管子在"百子全书"中。于斯之际,在分书名（弟子

职)有直接关系之总书名(管子)者,当对于他之间接总书名(百子全书)而分出之矣。今将此甲乙二式之分出书牌记入,以图示之,如下。

甲

	局版	弟子职
		周管仲著　湖北　清光绪元
		崇文书局版(子书百家　法家类
哲学		管子内)
中国哲学		
伦理		
		◯

乙

	管子	
		周管仲著　湖北　清光绪元
		崇文书局版(子书百家　法家类)
哲学	·	
中国哲学		
法家		
		◯

（四）　分析件名目录之书牌记入法,参酌前揭书名目录之书牌,及分析书目录之书牌,两记入法,容易知之,兹略说明。

（五）　书名参照目录之书牌。用于一书有二以上之书名者。

100

使从此一,参照他之又一也。书名有二以上之读法者亦同。此书牌以达其绍介之目的,效用已毕。故记载务极简明,以图示之,如下。

625－35	朱子	大全集
		宋朱熹撰　叶子龙编
		见晦菴先生语录类要
哲学		
儒家		
		◯

（六）　概括目录之书牌,主用于记入丛书等之逐次刊行书者。此书牌中,每次收到新册,用铅笔记入册号,俟全书完结后,更以墨水笔记之。刊行年度,举最初与最后。其各书,当依分析目录之法,作制各个一一独立之分出书牌。在总名下,胪举之明细目录,务必各界以一线或二线。第一第二纵线间,记入号数,此外记入书名著者刊年。以图示之,如下。

	倭史	大系
		经济杂志社编　东京　明治三〇
		…册　洋装　中
	一	日本书纪
	二	续日本纪
	三	日本后纪　续日本后纪　文德实录
		◯

以上说明中日书目录之编纂法及为其基本之书牌记入法,既终。次当说示西洋书书牌记入法之大略。

（乙）西洋书书牌记法

西洋书之书牌入记法，比中日书更形复杂。在短时间，不易领会得之。我国今日尚无通行之办法，兹仍揭日本东京帝国大学附属图书馆所用之洋书著者及书名目录编纂略则于后，示以据该略则作成之书牌记入图，足为关于西洋书书牌记入，入门之指针也。盖本书之目的，不在西洋书为主之图书馆，自不得不简略西洋书之事项耳。

日本东京帝国大学附属图书馆洋书著者书名目录编纂略则

此略则，原系据美国图书馆协会共同事业委员所编，而施以少许之去取折衷而成者。尚有其中，暂为该馆所不采用之事项，以◎挟之，示有区别。文中往往称本馆者，该馆自谓也。

一　记入书籍时，当从下列之诸语，记之。

（A）　著者之姓氏分明，则从该姓氏。［但著者名之不可知者当以 Anon.（Anonym 即'无名'之意）之一语代之。］

B　著者名之仅首字（initiale）分明时，当置其最后者于最初。

C　著者之实名不用时，丛其变名。（Psendonym）

D　从丛书，编辑者之名。

但同时当就各个之著述，一一作为，相当之分出记入。

E　对于出版物，从有责任之国，都市，团体等名。

F　逐时刊行物，及著者名不分明之书籍，从除号数之最初语记之，号数置于后之适当处。最初之冠词，虽置原位地，而次第该书时，用除冠词后之最初语。示格言（Hotto）或系统（Series）之语，在书名之最初者，省之，而后从其真正书名之第一语始。

G　连同文之注释，及一切翻译，当记入原书标目（heading）之下。然不连本文之注释，当从注释者之名。题为"某书之注释"，而连同本文者，在原书标目之下，及注释者名之下，皆当记入之。

H　圣经，（Bible）或其一部，（包含 Aporypha）不问用何国语言文字,概记入 Bible 名称之下。

　　I　犹太教经(Talmud)及可兰经(Koran)(或其一部分)各记入 Talmud, Koran 等名之下。其余宗教之圣典,记入该圣典为一般世人所知名称之下。

　　但当从编辑者翻译者等名,更施关于本书之参照。(reference)

　　J　有两人以上著者之书籍,记入最初一人名下,更从他人,一一加施参照。

　　K　民事诉讼报告,当记入原告名下,刑事诉讼报告,记入被告名下,关于船舶之法律事件,记入该船舶名下。

　　L　贵族,记入其称号(Title)之下。

　　但其人之姓名,已广为世知者,不在此限。

　　M　宗教上之贵显,除法王及国君外,其他概记入其姓名之下。

　　N　国君,(除希腊及罗马之国君)有土之君长,东洋之著者,法王等,凡以最初之名,见知于世之人,皆记入其最初之名下。

　　O　已婚之妇人,及其他变更姓名之人,记入其最为世习知姓名之下。

　　(大概采最终之姓名,当更从其他姓名,施参照。)

　　P　变名(Pseudonym)得为姓名之代用。

　　但限于该著者变名比本名,广为世知者,尚当从实名,附施参照。

　　Q　团体,记入其名称之最初语(除冠词)下。有他名称为世所知者,更从此等名称,附施参照。(大概先标出团体之本部所在地名,而后记入团体之名为宜。但此限于地名成为团体名称之一部者。)

　　R　参照(reference)——著者若以二个以上之名,见知于世者,当从标目不采之名称,施关于标目采用名称之参照。

S （一切小说戏曲词歌，往往从其书名而索之，故当从该书名，施关于著者之参照。）

T （从其他显著书名。）

U （无著者名之书籍，从题名中之显著语。）

V 从传记书类，主人公之名。

W 逐时刊行物之中，有以编辑者之名称之者，此际从该编辑者之名。

X 从重要之翻译者（诗歌之翻译者）及注释者名。

Y 从宗教上贵显之称号。但限于该书籍中，用此称号者。

Z 其他容易检索各该书籍，必要之参照，皆当施之。

二 标目（Heading）

A 以书名为标目者，著者名，当充分表之，且以著者本国之国语式为之。然拉丁语式广用于世时，拉丁语式表之。别以著者之国语式者表之者，入于括弧而记载之。（又国君及法王，概以英语式一定表之，亦可。）

B 英语法语之姓名中，以前置语（法语除 de 及 d'）始者，从该前置语始，记入之。

英法以外之国语，当从除前置语后之语，记入之。

C 英语之复合姓名，从其中最后之部分，记入之。他国语，从最初之部分，记入之。

D 就同名之著者，因明相互间之关系，当为适当之区别。

E （表示著者阶级，或职业之前置语，当加记于标目之中。但此限于称著者时，该前置语，通例为其部分者。）

三 书名（Title）

A 书名，系精密确实写在表题纸（Tille Page）者，不可加以订正翻译变更等，但格言，著者之学位，称号，重复事项，及一切不紧要之事项，当省之。有表示精密之必要者，因示有省略之事项，当连作三点（…）为一排，实之。

古书及稀有书等之书名,尤宜精细记之,拼音等虽有异于近代之形式,亦当一切照原形记之。

B　凡因使书名明了,必要之附加物,补入之,当以括弧,示别于书名中语。

C　字母大楷(Capital letter)之用法,当别据所制定。

四　出版事项(Imprints)

书名之后,当以下列之顺序及事项,记入之。

但有括弧[ ]者,可随意。

A　出版回次(Edition)

B　出版地。

C　([出版者名])

以上三件,当与书名,以同国语记入之。

D　出版年　概以阿拉伯数字表之。

E　([版权许可年,及实际出版年,若知其异于表题纸所记之出版年者,当在版权许可年之前,加 C.(Copy rightb 之略)之一语,出版年之前,加 P.(Actual publication 之略)之一语,记之。])

F　册数。(若只一册,则其页数。)

G　(插画不在地图,肖像,及本文中之数。)

H　大小。(表示大小之法有二,甲,据纸之折叠数,裁开数,略示大小者,如12°,8°,4°,等。乙,以生的密达尺,精细表之者,但在图幅,必以生的密达尺,表示纵横。其法式如下 125×87Cm.)

I　各该书籍所属系统(Series)之名,当在毕前记诸项记载之后,记入于括弧内。

J　(限于旧书,出版地与印刷地不同者,当在出版地后,并记印刷地。)

K　(页数当以书中各部之最后页,用十(加号)之符号,连续之。无页数之部分,计算该页数,记入于括弧[ ]内。若有三个以上页数者,并合之,示其统计,亦可。)

L　此等出版事项,当为从各该书籍及其他资料所认知之事实。通例,从表题纸采之者,(如出版次数出版地([出版者名])及丛书名)当与书名,用同国语之式。若有订正及附加物者,入于括弧内。(地图肖像等之语,及册并页之略语,可皆用英语表之。)

五　目次(Contents)及备考(Notes)

备考(用英语记载之)及目次,有必要适当记载于书籍时,当记入之。而宜用形小之字,表之。

六　杂件

A　单线者(Single dash—)示前行标目之省略。在其下之单线者,示第二标目之省略。

B　连续数字之单线者,表"自某数至某数"之意。在数字后之单线者,表"连续"之意。

C　在一语或一记入之后 ,有? 之符号者,表"推定"或"存疑"之意。

D　括弧者,包括书名,或添加出版事项,及形式上变更之语。(此所谓括弧者,[]也。)

E　数字,必当用阿拉伯数字。然在国君候伯及法王,名后之数字,(即"第几世"之意者)当用形小之罗马数字。

F　编纂目录上应用之略语,当别据所制定。

七　排列(Arrangement)

A　仅有姓可记者,当置于姓名全备者之前。

B　仅有名之首字可记者,当置于有同一首字而姓名全备者之前。(但为同一人者,不在此限。此际,当一定其详悉之法。)

C　前置语(Prefix)之 M, Mc, S, St, Ste, Messrs, Mr, Mrs, 当完全书作 Mac, Sanctus, Saint, Sainte, Messieurs, Mistress 排列之。

D　一个人之著述,当依下记之顺序,排列之。

一　全集。

二　分集。(一部分之集)

三 各个著述。书名除冠词后,用其初语之二十六字母顺序。

E 二十六字母顺序,当据英语之字顺。

F 德语之 Ä,Ö,Ü,当各完全书作 Ae,Oe,Ue 排列之。

G 人名,当排列于同式地名之前。地名,当排列于同式书名初语之前。

西洋书书牌记入之例。(摘要)

(一)著者书牌

	SHAKE	SPEARE,William
		Julius Caesar With notes,&c by David
		Forsyth
		Lond,&c 1908. 8°
Liter		
Eng		
Drama		
		◯

(二)连合著者书牌

	ANDR	EWS Ewart S. & HEYWOOD,H. Byron
		The calculus for engineers.
		Lond. 1914. 12°
		◯

(三)连合著者参照书牌

	HEYWOOD	, H. Byron
		The calculus for engineers.
		See ANDREWS, Ewart S. & HEYWOOD, H, Byron.
		◯

(四)著者参照书牌

	TWAIN,	marh, pseud.
		See CLEMENS, S. L
		◯

（五）书名书牌

		The ENCYOLOPAEDIA Britannica, a dictionary
		of arts, sciences, and general literature 11. ed.
		Camb. 1910 – 11 29V Sq. f°
		◯

（六）丛书概括书牌

	Lanman,	Charles Rockwell, ed
		Harvard Oriental series. No...
		Camb. 1891······ ······Vols
	1	Kern, Hendrik, ed. The Jātaka-māla, or,
		Bodhisittvāvadāna-mala, by Arya-Cūra
	2	Garbe, Richard, ed. The Sāmkhya-prava
		cana-bhāsya, or, Commentary on the expedition
See nert	cards	
		◯

（六）之续

Lanman Orient.	Harv. Ser.	
		of the Sānkhya philosophy, by Vijñanabhiksu.
	3	warren, Henry Clarke, Buddhism in translations.
		◯

（七）分析著者书牌

	Kern,	Henrik, ed
		The Jātaka-mala, or, Bodhisittvāvadanamāla
		by Arya – Cūra.
		Camb. 1891. 4°
		(Lanman, Charles Rockwell, ed.
		Harvard Oriental series. 1.)
		◯

(八)件名书牌

	Aerop	lanes
	Walk	den. S,L
		Aeroplanes in gusts. Soaring flight
		and the stability of aeroplanes,
		Lond,1912. 8°
		○

以上凡略解中日书及西洋书记入方法。此外尚有逐时刊行物之未成完册间,用特殊之记入法。今就中文逐时刊行物,与西文逐时刊行物,而示其记入法,以为书牌目录法之告终局。

逐次刊行物之书牌记法　中文及西文之逐次刊行物,即杂志报告类之既成完册者,其记入之,当然照普通图书之例。然此等杂志报告类,于成完册之前,一年数次,或每月,或每周,屡屡不绝出版者也。于此之际,一一记之以各个之书牌,不特不胜其烦琐,且转有易起混杂之虞矣。故通例,用一种总括法,就杂志报告类之一种,豫充以一纸之书牌,于是得为一个年分之逐时的记入矣。但此逐时的记入,为该逐时刊行物,若干时后,成完册而受图书馆处理以前之中间事业,故当止于极简单而不失明了之程度。即示于如下之一二例,将以代冗长之说明,而语此记入法之要领者。图中×之附号者,示已领收在馆者也。若欲将此书三,兼作收入目录之书牌者,在×之附号,兼用作收入月日,亦可。又在一月二月牌月等之月次,作为录号数次数等之用,亦佳。此等概当任诸逐时刊行物之出刊事情,与目录科员之处理上便宜。今揭数例于下。

（一）中文杂志之例

中西医学报												
丁氏医学书局发行												
每月一回												
	一月	二月	三月	四月	五月	六月	七月	八月	九月	十月	十一月	十二月
民国二	×	×	×	×	×	×	×	×	×	×	×	×
民国三	×	×	×	×	×	×	×	×	×	×	×	×
民国四	×	×	×	×	×	×	×	×				

（二）中文报告类之例

地质调查所报告												
农商部编												
每年四、五回												
	一月	二月	三月	四月	五月	六月	七月	八月	九月	十月	十一月	十二月
民国三	×			×		×				×		
民国四		×		×		×		×			×	
民国五	×			×		×			×			

（三）西文杂志之例

The Graphic, an illustrated weekly newspaper.												
Lond.　fº　（WeeKIy.）												
	Jan.	Feb.	Mar.	Apr.	May.	Jun.	Jul.	Aug.	Sept.	Oct.	Nov.	Dec.
1912	× × × ×	× × × × ×	× × × ×	× × × ×	× × × × ×	× × × ×	× × × × ×	× × × ×	× × × × ×	× × × ×	× × × × ×	× × × × ×
1913	× × × ×	× × × × ×	× × × ×	× × × × ×	× × × ×	× × × ×	× × × × ×	× × × ×	× × × × ×	× × × ×	× × × × ×	× × × ×
1914	× × × × ×	× × × ×	× × × × ×	× × × ×	× × × × ×	× × × ×	× × ×					

（四）西洋文学会杂志之例

Deutsche Geologische Gesellschaft Zeitschrift.

Ber.　8°　（Monthly.）

	Jan.	Feb.	Mar.	Apr.	May.	Jun.	Jul.	Aug.	Sept.	Oct.	Nov.	Dec.
1908	×	×	×	×	×	×	×	×	×	×	×	×
1909	×	×	×	×	×	×	×	×	×	×	×	×
1910	×	×	×	×	×	×	×	×	×	×	×	×

第十六章　分类法

　　分类目录之性质，前既言之矣。此目录之特长，不独在目录之秩序齐整，又在其目录纲目之所示，型式之楚楚可观，得谋书库函架之整顿。我国素以读书为专门之事业，故至今图书馆之设立，犹见保存分类法之倾向，甚为炽烈。然其究有便利，亦未可湮没，如日本今日之图书馆，除少数之例外，尚为图其函架之整顿，用分类法之习惯既久，虽今后不免于永续之也。故吾人对此分类目录，姑勿论其短处，且望其由纲目之建法如何，而得施以广狭伸缩，故大小规模种种不同之图书馆，皆有适用之便。并开放书库，许检书者，自由接触函架。俾书库之分类整顿，益发挥其效。此所以当视分类目录，比他种目录，占重要之位置也。虽然，分类之方法，古来议论甚多，大抵醇良者少，今日虽比较的有优秀者之称，尚去于完全之域甚远也。又纵令进一步而已有完全者，当适用之于图书馆，不能不因其性质种类之异同，而有少许之变通去取。是以能通一切图书馆。皆直即可采用之分类法者，可曰举世不得其一矣。兹就中日书及西洋书之分类目录，绍介其可认为优秀者。至于适用之如何，委诸图书馆当事者之熟审。

　　（一）中日书之分类法

　　我国图书馆之分类法，莫古于六经六纬，纬多图而经多书，庄生所谓十二经也。由今之科学而言之，易者，阴阳卜筮之宗教书也。礼者，祭政一致之政治书也。乐者，神人共乐之戏剧及曲谱书也。诗者,诗歌之文学书也。书者,纪事本末体之历史书也。略同今学校历史教科书体裁春秋者,编年体之历史书也。同今年表年鉴无一不为近世科学之具体而微者。夫科学者,籀绎故辙,成立科则之谓也。经亦此义也,故孔子曰温故,孟子曰求其故,墨子言大故小故。是以真正之通经学者必通科学,真正之图书目录分类法,必用近世科学之分类法。虽然,因于事实之变通,当有二法。甲曰二部法,乙曰一贯法。兹绍介如左。

（甲）二部法 历朝兴废,莫不革故鼎新。故旧制度之对于现社会,权威堕落。况今之新共和民国,直等前古皆为胜朝。正宜仿英美诸国之对于拉丁古籍,及近世书文,设古典及近世之二部,如次。

（1）古典部图书目录分类法 仍四库书目之旧。（实际书目答问为便）

（2）近世部图书目录分类法 此在我国今日,尚无其可为标准者,大抵参酌日本之和汉图书目录而定之,见下之一贯法。

（乙）一贯法 前言古经与科学通,明足一贯。顾我国自刘歆七略,横断三古,尊经居首以来,由唐迄清,而四库目录成,其史子集三者皆经之注脚也,实不与经同条共贯,未为通也。最近日本先我进步,有一贯古今之图书目录分类法,如其东京帝国图书馆之分类法,足资标准。然彼我国情悬殊,彼之特色,在以皇室为中心,而我之特色,在以社会为中心。何则,三五迭降,自古无不灭亡之朝家,而社会则到今一个也。此图书目录分类法,亦当以此第一义为出发点也。故以旧者言之,日本图书目录分类,以神书居首,尊其皇室,则我之图书目录分类,当以三古之易,及阴阳家言,首揭社会之原。然以新者言之,则又不然,当以哲学教育居首,为左右社会之原也。兹揭我国图书馆应采之分类法及日本东京帝国图书馆所定分类之一法,依次列左。就中中日两国固有可同不同其不可同者见学问无国界说之非无例外也其不将古典部之书,列入此分类之中者,二部法也。反是,若亦列入之者,则一贯法也。

中华民国图书馆应采分类法

第一门　哲学及教育

　甲　哲学

　　一　总记

　　二　论理

　　三　心理

　　四　伦理

　　五　本国哲学

　　六　外国哲学

　乙　教育

　　一　总记

　　二　普通教育

　　三　高等教育

　　四　特种教育

　　五　学校外教育

　第二门　儒书及宗教

　　一　总记

　　二　儒书兼道儒两家之书,凡论先秦古书,可加入者不少。

　　三　佛教

　　四　回教

　　五　基督教

　　六　杂教

　第三门　文学及语学

　甲　文学

　　一　总记

　　二　中国文学

三　日本文学 此为彼己均知,必有相当修习。

　　四　欧美文学

　　五　小说

　　六　演说及论说

　　七　书目

　乙　语学

　　一　总记

　　二　国语

　　三　外国语

　　四　速记法

第四门　历史侍记地理旅行纪

　甲　历史

　　一　总记及万国史

　　二　中国史

　　三　外国史

　乙　传记

　　一　总记

　　二　中国人传记

　　三　外国人传记

　丙　地理

　　一　总记及万国地志

　　二　中国地志

　　三　外国地志

（以下门目,全同日本东京帝国图书馆分类法,见后从略）

日本东京帝国图书馆分类法

第一门　神书及宗教

　　一　总记

117

118

120

122

五　杂书

六　新闻纸

（二）西洋书分类法

西洋书之分类法,亦古来甚多,大半不免于偏癖。洎夫近年,随图书馆业之发达,渐见有健全者之建立。其尤以经精细之研究,及积年之试验,为斯业界最有声誉之分类法者,有二种,甲曰提威氏 Dewey 之十分分类,Deci mal classification 乙曰克太氏（Cuttev）之展开分类法。Expansive classification 兹介绍如下。

（甲）十分分类法　此法,先分所有图书为十部,各部为十门,有必要时,更十分各门,作第三之细别,又更十分之,作第四之细别。其纪号用数字,自0（零）至9,恰如算术,用全数及小数之数字。而此记号,不独代表大小之类别,且次第继续,至于彻底代表一书,故可谓之分类记号,同时兼图书记号者。是与其他诸分类法,所大异其趣者也。提威氏以000（零零零）为诸类中无一能属之总类位,100 为第一类位,200 为第二类位,至以下 900 之第九类位,而初别位止。更以总类中 010 为其第一再别位,同 020 为其第二再别位,至以下 090 之第九再别位,而再别位止。乃至三别位四别位,亦以同一理法而进之,皆从第二至于第九也。是故 0128 者,表总类第一再别,第三三别,第八四别位。4265 者,示第四类,第二再别,第六三别,第五四别位者也。此法一见若甚难解,然稍熟练之,即甚觉简捷,但依记号,直即可知一书之在何部何门何纲何目之何号也。但在中等规模以上之图书馆,比小规模之图书馆,更能显此法之特色。爰示其梗概（再别位为止）如次。

000　General warks.（总记）

010　Bibliography.（书史类）

020　Library economy.（图书馆管理法）

030　Geneml cyclopaedias.（字典类）

040　General collections.（丛书）

050　　General periodicals.（杂志）

（Periodicals on a special subject are classed with that subject）

060　　General societies.（会刊）

070　　Newspapens.（新闻）

080　　Special liblaries Polygraphy,（ie Collected works）.（字汇）

090　　Book rarities.（稀有书）

100　　Philosopby.（哲学）

110　　Metopbysics.（心理学）

120　　Special metaphysical topics.（特别心理学）

130　　Mind and body.（精神学）

140　　Philosop bical systems.（哲学系统）

150　　Mental faculties.（心灵学）

160　　Logic.（论理学）

170　　Ethics.（伦理学）

180　　Ancient phliosophers.（古代哲学）

190　　Modern Philosophers.（近代哲学）

200　　Religion.（宗教）

210　　Natural theology.（神学）

220　　Bible（圣经）

230　　Doctrinal theology. Dogmatics.（教旨）

240　　Devotional and Practical.

250　　Homilletic. Pastoral. Parohial.（传教说教）

260　　Church. Institutions and Work.

270　　Religioushistory.（宗教史）

280　　Christian churches ond sects.（基督教）

290　　Non-Christian religions.（非基督教）

300　　Sociology.（社会学）

310　　Statistics.（统计）（Statistics of aspecila subject are classed with that subject）

320 Political science（政治国家）

330 Political economy.（法制）

340 Law.（法律）

350 Adminstration.（行政学）

360 Associations and institutions.（国法宪法）

370 Education.（教育）

380 （Government control of railroads，telegraphs，etc. Seedlo 650）（交通行政）

390 Customs. Costumes. Folk-lore.（关税风俗）

400 Philology.（博言学）

410 Comparative.（比较言语学）

420 English（英语）

430 German.（德语）

440 French.（法语）

450 Italian.（意语）

460 Spanish.（西班牙语）

470 Latin.（腊丁语）

480 Greek.（希腊语）

490 Minor languages.（其他各国语）

500 Natural science.（自然科学）

510 Mathematics.（数学）

520 Astr onomy.（星学）

530 Physics.（物理学）

540 Chemistry.（化学）

550 Geology.（地质学）

560 Palaeontology.（古代生物学）

570 Biology.（生物学）

580　Botany.（植物学）

590　Zoology.（动物学）

600　Useful arts.（有用技术）

610　Medicine.（医药学）

620　Engineering.（机械学）

630　Agriculture.（农学）

640　Domestice conomy.（家政）

650　Communication. Commerce（交通学、商务）（Railroads, their Practical administration, Steamboats, etc. See also 380.）

660　Chemical technogy.（化学工业）

670　Manufactures.（制造学）

680　Mechanical trades.

690　Building.（土木工学）

700　Fine arts.（美术及诸艺）

710　Landscape gardening.（油画）

720　Architecture.（建筑学）

730　Sculpture.（雕刻术）

740　Drawing Design Decoration.（图书、设计、装饰）

750　Painting.（彩画学）

760　Engraving.（彫刻印版术）

770　Photography.（写真术）

780　Music.（音乐）

790　Amusements.（娱乐、游戏）

800　Literature, including Fiction.（文学诗歌小说）

810　American.（美国文学）

820　English.（英国文学）

830　German.（德国文学）

840　French.（法国文学）

850   Italian.（意国文学）

860   Spanish.（西班牙文学）

870   Latin.（腊丁文学）

880   Greek.（希腊文学）

890   Minor languages（此外各国文学）

900   Histovy.（历史）

910   Geography and description.（地图地理及书法）

920   Biograpby.（传记）

930   Ancilnt history.（古代史）

940   Modern Europe.（近世欧洲地理）

950   ┌Asia.（近世亚洲地理）

960   Modern⟨Africa（近世非洲地理）

970   └North America.（近世北美地理）

980   Modern South America.（近世南美地理）

990   Modern oceanica and Polar regions.（近世大洋洲及南北极附近）

（其详当观 Dewey's Decimal classfication）

（乙）展开分类法　此不如十分法之为规则的强制的,系比较的自然分类一切图书。其记号,使用罗马字,其细别,二重三重,皆添加他罗马字,不论几何,皆得自由展开之法也。有自第一位至第七位之分类,依藏书之多寡,从宜用之。此亦分类记号兼图书记号之用。盖在展开法,限于历史及地理之部类,以数字附加罗马字。而此数字,随国土一定不变,故能习惯此法,易知历史及地理之国别,甚为便利。例如中国,代以 67 数字,添之于历史 F,为 F67 者,得辨其为中国历史。又添之于 G,为 G67 者,得辨其为中国地理是也。

下举展开分类法之一斑,可以类推全豹也。

A   General works.（总记）

Ap General periodicals. (杂志)

Ar Reference works. (证据学)

As General societies. (会刊)

B Philossphy. (哲学)

Bh Logic. (论理学)

Bi Psychology. (心理学)

Bm Etbics. (伦理)

Br Religions. (宗教)

Cc Christianity. (基督教)

E Biography. (传记)

F History, Antiquites. (古历史)

G Geography, Travels. Maps, Manners and Customs. (地理、地图、旅行纪、关税等)

H Social sciences. (社会学)

Hb Statistics. (统计学)

Hc Economics. (经济学)

Hk Commerce. (通商学)

Ht Finance. (一切美术)

I Social Problems. (社会问题)

Ik Education. (教育学)

J Government. (交通行政)

K Law. (法律)

L Natural science. (自然科学)

Lb Mathematics. (数学)

Lh Physics. (物理学)

Lo Chemistry. (化学)

Lr Astronomy. (星学)

M Natural history. (博物)

Mg　Geology.（地质学）

My　Biology.（生物学）

N　Botany.（植物学）

O　Zoology.（动物学）

Pw　Anthropology. Ethnology.（人类学，人种学）

Q　Medicine.（医药学）

R　Arts（General works, Exhibitions, Patents, Metric arts.）（技艺）

Rd　Mining and Metallurgy.（采矿术，冶金术）

Rg　Agriculture.（农学）

Rt　Chemic and Eletric arts.（电化工业）

Ry　Dometic arts.（家政）

S　Engineering and Building.（机械学，土木工学）

T　Manufactures and Handicrafts.（制造及手艺）

U　Military and Naval arts.（军事学）

V　Athletic and Recreative arts.（觔及娱乐）

Vv　Music.（音乐）

W　Graphic and Plastic arts.（模型、塑像术）

We　Landscape gardening.（油画）

Wf　Architecture.（建筑）

Wg　Sculpture.（彫刻术）

Wp　Painting and Drawing.（图画）

Wq　Engraving.（彫刻制版美术）

Wr　Photography.（写真学）

Ws　Decorative arts（including costume.）（装饰术）

X　Language.（博言学）

Y　Litevature.（文学）

Yf　Fiction.（小说）

Z   Book arts.

Zp   Libraries. (图书馆学)

Zt   Bibliography. (书史学)

Zy   Literary history. (文学史)

右表内, Ar 入于 A。Bh, Bi, Bm, 入于 B。Cc 入于 Br。Hb, Hc, Hk, Ht 入于 H。We, Wr 入于 W。Yf 入于 Y。Zp, Zt, Zy 入于 Z。又在 A 之下, 入 Ad = Dictionaries, Ae = Encyclopaedias。F 之下 入 Fc = Chronology, Fd = philosophy of history, Ff = Antiquities, Fn = Numismatics, Fv = Healdry 等, 得应于必要, 为少许之增加, 使之自由展开。(要求详细当观 Cutter's Expansive Classification)

以上二种分类法。俱为美国人之创意, 最盛行于该国者也。此外英国人孛朗氏之发明者, 称曰件名分类法。(Subject classification) 此系并用罗马字与数字者, 与前揭之二分类法, 大同小异也。(其详当观 Brown's Subject Classification)

第十七章　图书之整顿及排列法

图书之收入既竟，书牌记入既竟，乃至分类既竟，最后排列于书库内之函架中，以备出纳阅览。即图书之分类既终，交付藏书科分配于各所定之函架，登载函架目录，在表题纸 Title-Page 之左侧上部，记入该函架号数。当更在一定之位置，附贴函架笺。（附贴函架笺之位置，洋装本则在其背（书脑）之下边，本装本有帙者，在其背之下边，无帙者在表纸之左方下边）且中日书照如旧式，叠册陈列时，以不便于出纳，必须设法，能使如西洋书之直立。如是，则以作帙或箱，容图书于其内，在帙或箱之背，记书册数，及函架号数，使之直立为便。又薄册之中日书类，须合缀一部数册，施以厚裱装时，方得直立。如此中西装本整齐并列之图书，或因其数未满书架，易于颠倒之时，当用书籍押，（书夹）支持之。

且在书库之书架上图书排列法，务必以从分类为便者，现今多数图书馆之所一致也。尤以开放书库，许阅览者一般，或限其一部分，得接触书架，自由检索者，以分类法为便也。又纵令不开放书库，而在馆员日日之事务进步上，尚有至大之便宜，亦分类法之赐也。虽然，图书之大小，至不一定。故依分类而排列之，则骈置于书架上之图书，高低不能一律，说者谓殊有嫌于外观不美，并所占位置较多，浪费空间上之经济者。于是图书馆有主不采分类排列法，而由从大排列法，依大小排列故名从大排列法以计书架之节省者。然此亦不免太退屈于为自家之经济、而曾不为图书馆利用者一考

131

虑之矣。夫无论如何外观整齐,书架之经济成立,然但以偶然相逢,同其大小之图书,别无何等紧要之因缘,杂然同架,殆不能不谓之毫无意味。况近来书库开放之要求,不渐高其声耶。故从大排列法,不适于现在及将来,可断言其绝迹也。要之,关于图书之外相,即大小问题,末之末也。关于内容,即类别之商量,本之本也。辨此本末,则分类排列法之优于从大排列法也明矣。但在分类排列法,特对于形大之图书,不可不讲格别之处置法。其法,以同一书架之最下级,(即出纳大本最便之处)比其余诸级平均之高度及深量,更大其构造。当在此处,置大概图书之大形本者。又有特殊之小形本,若达于数十百册,而成一系统者,亦得为便宜计,设低架级,为架板可以升降自在之准备,当得几分空间上之经济耳。以上说明排列法,已于图书之大小,毫无可虑之余地矣。

第十八章　阅览及出纳法

图书馆中,尤以公共图书馆整顿阅览室之重要,自不待言,尚有就其关于运用之事务一般,当事者要费多大之注意者。最先紧要,莫如阅览室科员之选择。盖图书馆与外界接触者,主要在阅览室,使登馆者得愉快读书与否。与其在全馆设备之完不完,宁在阅览室科员之心性及态度如何。美国霍德麻亚氏对于阅览科员。发表训言,如左曰

(一)出纳台前,借览人相会时,甲借览人向乙借览人问曰,"君有待耶",决不可从旁搀言曰"否,彼所要者已得之矣"或曰"待之也。"等语,当任其与对手人相谈。

(二)闭馆或近食事间时,慎勿作匆忙状,有失丁宁亲切之态度。

(三)交付书物于借览人,不可作急若我职事已了之气色。

(四)若有他图书,类似于借览人所希之图书者,当不怠为之绍介其书名及实物。

(五)当注意常如巧商人之为贩卖,给与借览人以满足。

(六)阅读者不甚多之图书,若有机会,当不怠为之称扬绍介。

此中,如第四项,为最重要之事项。姑勿论非通晓其馆之内容者不能。于或意味,且为阅览人之指导者,不可不为对于一切质问,皆能相当应答之人也。

其次则在阅览科员之下而活动之图书出纳生,亦要注意于其

采用。其所务,在将阅览人所要之图书,从书库运至阅览台。阅览已毕之后,复归之书库内之函架。一见似甚容易之业,然以当事者所实验,决不然也。夫从出纳生对于阅览者及图书之举措如何,足以招阅览者之不快,图书之损害者不少。而此等出纳生,概为教育不完,意志未定者。故阅览室科员,当负直接监督保护之责任,可谓非轻。然而自来阅览室科员之弊习,恒不自觉责任之大,往往仅以该室之管守者自居,不至可慨欤。

且阅览室之种类。已如前在建筑条之所说,从普通室而更别为妇人室,新闻室,特别室等。现虽有行之者,然在地方之小图书馆等,亦有难期其如斯之设备者。至于从建筑上而观,采光,换气,电灯,装置等之适否,虽可任诸建筑技师之设计企画,然从图书馆一方之希望,则要在使阅览者,安静而无不自由,得乐于读书之一室也。

在图书馆之阅览,有二种。一为馆内阅览。二为馆外阅览,即贷出也。

(一)关于馆内阅览之事务,尚为简单,登馆者在入口,从监守,领取阅览证,在所定之式纸,记入所要之书名,著者,号数,姓名,月日等。交于出纳所,领取图书。及阅览既毕之后,还纳之之时,交换中,领取证书,在出口,缴给监守,而后退馆。且为造作每日所贷书籍之分类统计,以令就一书,使用一纸证书为便。但我国图书馆之现状,多未能及此。

(二)馆外阅览,即贷出馆外,自稍要繁多之手续,盖一时图书全离去图书馆而属诸他人之手。故因征证其在外,期待还纳,不可不有适当之记录也。作如此贷出之记录,有种种方法,概具一长一短,难于遽判优劣。今欲举其二三之主要者,辨其异同,指摘可否,则颇不堪其烦琐,不若绍介其比较的素称精良确实,且在美国最新式图书馆间最通行之一法,即书牌记入法也。

书牌记入法者,以书牌记录馆外贷出图书之法也。先从目录

134

调制,所为书牌记入后,更调制所谓图书书牌,为馆外贷出用之书牌。其标本及记入事项如下。

940－50					
丁福保　著					
丁氏医学丛书					
人号	借	还	人号	借	还
828	九之四	九之十			
963	二之五	二之九			

人号者谓借
受人之号数

且在图书，就其后表纸后书面之内面，贴附一定之纸袋，平常在此袋内，插置彼图书书牌。此纸袋有似书翰用之封袋然，用马尼拉纸等作之，上边记入图书号数，在其余白，印刷借受上必要之注意。除此等准备之外，更别为调制馆外借出请求者所提出之式纸，有借出请求者，付与之，使记入住址姓名等。此式纸之表里，如下。

表（正面）

```
第几号　今蒙
贵馆认为有借览图书之资格者准与交付借览证如所请求相应恪守规
则是实
　　年　　月　　日
                                        住址：
                                        职业：
                                        姓名：
                                        年龄：
```

里（背面）

```
　　姓名………………………………………………号数……
　　住址…………………………………………………………
```

（上揭之文例为自身有公民之资格者。在未成年等无公民之资格者，要有保证之者。兹为避烦，省其文例。）

上式纸正面之住址以下，皆使请求者填记之，背面诸记入，则馆员为之。此式纸，在所定之书牌箱内，依姓名文字笔画之多寡编入之。又别作帐簿，登录借受人号数，为从此号数，搜索姓名，又从姓名,搜索号数之用。

此外又为借受人别作一定之证票。(书牌形)记入其姓名住址,登录号数,特许有效期限,而交付之。该证票之图,如下。

132 中华民国七年二月三日限止					
黄忠国					
上海静安寺路二十号					
书号	借	还	书号	借	还
950－30	九之四	九之十			

故借受人欲借出所要之图书时,在前记之借受人证票记入该当图书之号数。交于出纳科。当出纳科交付图书于借受人时,在其后表纸之内面,从所附贴之纸袋,取出图书书牌,移记以借受人证票上边之登录号数,次复在图书书牌及借受人证票,押印日份,证票依旧入于纸袋,与书籍共交付于借受人,图书书牌则留在图书馆,作图书贷出之左证。此留存之图书书牌,与当日贷出之其他图书书牌,共整顿于书牌箱,插入已印当日日份之书牌形木板为标识,翌日,又以其日处置之图书书牌,如前记同一整顿之。夫然而彼为何月何日贷出者,此为何月何日贷出者,可以一目而了然,于以得知贷出期间之经过也。若有期日已过,而尚不远纳者,则即发督促书,或加以相当之制裁,是亦易于执行之者。其既达于期日,借受人还纳图书时,从其册尾之纸袋,取出借受人证票,检其日份,知其滞纳与否,而后在其还纳栏内,押印还纳之日份,更取出彼图书书牌,在其返纳栏内,押印还纳之日份,证票则还诸借受人,图书则纳诸书库。

更有足补充上述馆外贷出法之说明,并足资参考,特揭日本山口县立图书馆之关于馆外带出规程如下。

一　带出者资格。

住在山口县,有下述之资格者。

甲　有优待券者。

乙　有特别券者。

丙　纳县税之成年者,经馆长认为身家确实者。

丁　官公吏。

戊　官公立学校职员。

己　满十七岁以上,有前记一有资格之保证人者。

庚　在馆长认为必要时,得不拘前项之资格,特许一时限之携出者。

（以上之资格者,得请求带出特许证。）

二　借出券。

甲　名称。带出特许证。

乙　种类。一种。

丙　券费。无费。

丁　有效期限,一个年间

三　带出阅览费。无费。

四　带出期限。十日乃至二十日间。

五　同时可以带出之册数。

甲　和装。五册。

乙　洋装。二册。

丙　和洋装混合三册。

六　不许带出图书之种类。

甲　贵重图书。

乙　辞书事汇等。

丙　法帖。

丁　目录类。

戊　妨害馆内阅览之图书。

七　制裁。

甲　赔偿。带出图书,亡失或污损时,责令本人或保证人赔偿之,又有时特许证为无效,不再交付之。

乙　带出图书馆,怠于还纳者。此后特许证为无效,因其事情,不再交付之。

八　关于带出之一切设备方法。

甲　编成带出用目录,(印刷)一册凡五分。

乙　讲求带出之便法,直接或间接使所在图书馆,介绍借受人借受之。

丙　依所设之规定,备寄往返包裹邮资者,凡在本县境内,皆得直接从本馆,三十日间,带出借览之。

第十九章　分馆及派出出纳所(又配本所)

自散在诸方之补助的代理者,有补助大都市图书馆事业之必要,欧美图书馆已最先有此感觉矣。此类代理者,一般分之为三型,如次。

(一)分馆。

(二)分配停留所。(又分配所)

(三)派出出纳所。(又配本所)

(一)分馆　此为一个完全之图书馆。有一定之区划土地,或便利之建筑物。其分馆自身有永久的藏书,及此藏书目录,又时或有其馆专有之借览者名簿等。而就原则言,则关于图书之购入,馆员之养成,目录之编制等,皆由中央图书馆处办之。然亦有以图书之选择,馆员之录用等,若干权限,委任分馆长为之者。

(二)分配停留所　此虽有一种集书,然其集书非永久的为其馆所置备者,乃常从中央图书馆(本馆)送付之,应于必要,而与他种集书交换之者。略言之,则此集书,实为构成一种巡回文库者也。(此停留所,当参照后说之巡回文库)

(三)派出出纳所又配本所　此为一种绍介机关,从此所,将"愿贷付某种图书"之意,通告中央图书馆,则该图书即从中央图书馆送付之。又从借览者缴还之图书,在此所会集讫,送还中央图书馆,故其事务,在普通商店及其他,亦得处办之者。

以上三种补助机关,得由种种之方法组合之。即第一型之分馆,亦可利用为中央图书馆之集书,又可利用为他诸分馆之某合成集书派出出纳所,(即各馆相互贷出所)及分配所。故一时寄给于其处之某种图书,得充某分馆内临时之需要。又第二型之某分配所,及第三型之派出出纳所,亦得置备半永久的集书,(一般参考书)及作为一般读书室,保有分馆之形态也。

一般公众之欢迎分馆制,已成不疑之事实,而尤以分馆与第三型之派出出纳所(即配本所)结合者为然。何则,在普通之分馆制,假有阅览者至某分馆,请从中央图书馆,取寄其分馆所无之图书,某分馆无应之之本分也。反是,若其分馆内,并置派出出纳所者,则即得应此预定,从中央图书馆,或附近分馆,取寄彼所请求之图书矣。在如此兼派出出纳所之分馆,其馆外借出,异常增加,例如在纽约公共图书馆管下,兼派出出纳所之分馆,一日借出一千册,而在他分馆,一日仅十册内外而已。换言之,兼派出出纳所之分馆,其图书之使用,实百倍于不兼之分馆。故从一般之倾向言之,则第三型之派出出纳所,将来当成为第二型之分配停留所,及巡回文库之代用也。

分馆之管理　分馆之管理,由中央本馆集权之程度如何而异。经营者多数意见所一致之点,在谓各分馆有许或程度之独立,而本分两馆决不可为同位。有在一极端,本馆全然为中央集权者。此际之主要作业,总在中央本馆所为,分馆员除资助中央本馆外,绝无何等自由,各作业皆当从一定之规则为之。是以分馆但能遂行其运用上必要之机能而已。虽有独别之书目,亦无何等独别之收入簿登录簿等,一切经营及策画,皆中央所为,无论何事,不商议及于分馆员也。反是,在又一极端,则为分离之一图书馆而经营之,成实际的独立之分馆。此分馆长以彼一己权能,为一切经营。即图书贷付法,分类,登录等,一切有异于他诸分馆之组织也。以上两极端者,但不过为说明之便宜上,举其例证。普通所行之分馆制大概于某事,则本馆采中央集权主义。又于某事,则分馆为半独立。盖最多之组织，为折衷的，而于下列诸点。采中央集权制焉。

（一）图书之购入。

（二）馆员之养成。

（三）记载书牌之事。（至少须记其主要事项）

（四）图书出纳方法之画一。

（五）图书函架号数之画一。

（六）对于公众，计图书利用法诸规则之画一。

且又在他一面，容许各分馆，于下列诸项，有或程度之独立自由焉。

（一）图书之选择。

（二）分馆之纪律，司书（职员）之选定。

（三）分馆所在地之地方的诸政略及诸设施。

各分馆长关于该地方的利害，则为中央馆长之地方的忠言者。现在我国图书馆尚无体系可言，若日本东京市立图书馆之体系，则殆全法此折衷制矣。

分馆制之便利，得从（一）馆员地位（二）公众地位之两方面观察之。先从馆员之地位，视之如下。

（一）分馆者，由阅览者之请求，从中央本馆或他馆，输送夥多之图书，便利一。

（二）分馆长得请他分馆之协力，又从熟练之中央馆长等，得图书馆事业之助言，便利二。

（三）夥多之机械的作业，在中央图书馆担任之，分馆员专志于图书利用等之自由研究，便利三。

要之，彼等已被拥抱于来自协同之一切便利中矣。但限于此其协同，在一中央的统一管理之下。系统的组织之之际，又不可不知也。

次从利用分馆一般公众之地位观之，则分馆阅览者，除得享其分馆可为独立馆之一切利益外，其分馆以外，即中央本馆及他诸分馆之藏书,亦并有借览之便宜。即彼等合本分两馆而视为大图书馆,得利用其一切藏书,甚便利也。

如上从各方面观之,亦分馆制之便利甚昭著也。就分馆制之位置,联络法等,尚有其他夥多之研究问题,然以非本书所能尽,兹姑从略。

第二十章　巡回文库

巡回文库者,以贷付图书之目的,递次输送于团体或个人之图书集合,通常装入书箱,便于运搬,为图书馆事业之补助而贷出之,及供给图书馆所不及之僻远地者也。而欲有秩序的,且无遗漏之施行此事业,自以在公立图书馆处办之,为最便。

此制度,滥觞于距今百年前苏格兰之一小市,然当时之所谓巡回文库,不过机械的输送图书而已。如今日所行真正之巡回文库制,系美国所倡道者,美国至今已着着进步奏效矣。我国今尚鲜行之,日本明治三十七年,创设于山口县为嚆矢,其后各地逐渐施行,亦至近年而益形隆盛矣。

巡回文库本来之目的,原在以人在未有图书馆之僻远地方,从图书馆及其他,(公私团体)供给以读书之材料。然如(一)已有图书馆而分支馆尚未组成者。(二)已有分支馆而其分布尚未普者。(三)有从读书俱乐部或从事特殊研究团体等之请求者。皆虽不在僻远地方,亦得从本图书馆,对于其馆所在都市内之分支馆或团体等,发送巡回文库也。

参考　德国波森州盛行巡回文库。每年寄书于附属州立图书馆之各市郡图书馆。是州共有图书馆四十八。岁于九十月间。以书一百册至三百册。装箱运寄各郡图书馆。由郡更寄乡村之简易图书馆。凡贷借书籍者。每郡恒数处。大郡至四十处以上。书籍留其处一年。翌年六月。悉送还州立图书馆。巡回图书馆所储书籍,凡一万五千册。年需费约七千圆。

巡回文库所发送之图书集合,普通为搬运上之便利计,大抵以五十册乃至百册为限度,装入坚固之书箱内,成为一组也。其内容编成之法有三,如下。

(一)固定编成法　此谓从中央本馆,第一号第二号,顺次输送一定之文库法,一巡回期间,书箱之内容固定不变者也。

(二)变通编成法　亦名交换编成法,此因在同一处所,避同一图书之巡回,而与适宜之新图书,交换送付之之法也。于此第二法之情形,需要者可自到中央本图书馆,请求科员,去取其所要图书,又可从中央本馆,豫由配布之目录中,选择图书,而要求其送付也。

(三)折衷编成法　前记(一)(二)编成法,皆互有短长,今为取长补短而设之者,有折衷编成法。此方法,为一部,从中央本图书馆所编成,又一部,由需要者之请求选择,而混合编成之,实际今日最适行之法也。

巡回文库之发送地,即巡回文库停留所,凡如下。

(一)教育团体。(官公私立学校)

(二)公私立图书馆。(比本图书馆规模较小之图书馆分馆)

(三)公司,工场,俱乐部,青年团。

停留所必置在其地方中央便利之处。其所在不问为商店,为住宅,然唯学校,必宜避之,盖学校在夜间,及长休假中,恒锁闭也。

巡回文库停留所之监督者,系当局主长,即分支馆长,学校长,公司工场长,及各代理者当之,为书箱之收入,发送,及报告阅览成绩等事。从本图书馆随时派视察员,为检点图书之处办法,阅览统计等事。尤以在美国巡回文库之管理者,不第任图书集配上之整理,且进则对于阅览者,讲谈读书之方法,图书之选择方法等事,退则考察其地人,读书之倾向。并其嗜好之向上法等,恰有似于本图书馆职员之所务焉。夫然而巡回文库始能在远离图书馆之地方,为图书馆之代用也。

巡回文库配布之声请,至少须有十人以上公民成立之一团体为之。其图书,须十分丁宁处理之,要对于非由不可抗力之亡失破损等,约为相当之赔偿法。

巡回文库之图书,系依前述三种编成法,至短二个月,(长则四个月乃至六个月)从本图书馆之藏书中,取出之者也。其无复本之图书,若亦编入巡回文库中,当其文库未还归时,有在本图书馆求览该图书者,即无从借览之矣。故本图书馆未备相当之复本时,不可滥于施行巡回文库。又有同于一般馆外贷出者,如贵重书,辞书,事汇之类。亦非可编入巡回文库中者。

日本之巡回文库,既以山口县立图书馆为嚆矢,故该馆最称发达。今为供参考之故,特绍介该馆巡回文库之大略,与其手续如下。

该馆之巡回文库,取通俗图书五十册乃至百册内外,纳入一定之书箱。(以桧木造成高约二十二时,长约二十六时强,广约九时,价约七圆,装对开式,有蝶铰之两门,中分二级,重量,合所容图书共七拾斤余,)定使用期限,送付于各所,供所在公众之阅览。箱中添附图书目录。此目录为短册形,而抽拔自在者,与文库编成时,同装入之,俟图书归还后,即取去之。更在他文库编成时,用之。但在郡公所,及公立图书馆,则送付油印目录若干,令配布于阅览者。现在文库输送地,有九十三所,而郡市公所与图书馆,每四个月交换一次。县立学校每一学期交换一次。更示文库处理手续如下。

日本山口县立图书馆巡回书库处理手续

第一条 县立图书馆当定巡回书库之发送,及交换期限,通知之于郡市公所,县立学校,公私立图书馆。

第二条 郡市公所,县立学校,公立图书馆,欲受巡回图书之输送者,当在输送期一月前,请求于县立图书馆。

在继续受巡回图书之输送者,亦非经前项之手续,则县立图书馆不输送之。

第三条　县立图书馆当以巡回书库及图书目录,共送付郡市公所,郡市公所当以该目录,分交学校街村公所,俾公众周知之。

第四条　郡市公所,县立学校,公立图书馆,受巡回书库之输送时,当即送交收领书于县立图书馆。

第五条　郡市公所当讲究适宜之方法,设阅览所之外。并奖励短期日之携出,诱致公众,俾能利用图书。

第六条　在郡市公所设置之阅览所,其阅览者在阅览请求簿,欲携出图书者在特许带出证,皆当令其记入住所,姓名,及所要之书名,册数。

县立学校,公立图书馆亦当准用前项,整理阅览图书。

第七条　郡市公所,县立学校公立图书馆已终了巡回书库之使用时,当勿误期日,将阅览请求簿,及特许带出证,共送交县立图书馆,县立图书馆收受之,即当送付收领证。

第八条　郡市公所变更阅览所之位置,或关于阅览之细则时,当即报告县立图书馆。

第九条　县立学校遇临时必要之事情,得不依巡回文库,在县立图书馆,请求图书之输送。

第十条　县立图书馆受巡回书库之远归时,当报告其每次阅览成迹于县知事。

第二十一章　家庭文库

此为美国人卡尔波揩尔氏之所创始,可视为巡回文库之一种也。初仅行于孛斯登地方,后推及于芝加角,今已一般之人皆认为有益利便矣。此种施设,原为不能至公共图书馆,或其分馆等之人而设之者,除为结合儿童与父兄,并人有欲求善良多趣之娱乐者,而作之联锁外,多以此为诱致彼等入于图书馆之媒介也。今示美国纽约州立图书馆施行之实例,如次。

纽约州立图书馆对于本州内,有住在州立图书馆之利用距离以外者,为令沐浴图书馆之恩泽故,输送此文库。即希望此文库之人,详记自己及家族之职业,年龄,嗜好等,得不动产所有者之保证。在州立图书馆,请求家庭文库之输送时,从该馆三个月间,贷与以适切于请求者之家庭文库,(一组十册)而一家得由是坐享读书之利泽矣。此文库之中心的利用者为儿童,系近邻之儿童数名及其父兄等,相谋而借得文库也。通例,由儿童中之一人,(大都为年长者)为此文库之保管者。又有一人,为义举监督者。(大抵妇人)此监督者每周一次,与此一团儿童,交会于保管文库者儿童之宅,相互交换图书,又就此等图书而讲谈之。是以此文库之盛衰,大有系于此监督者之人格。盖如此周旋儿童,一见似甚易易,凡稍有社会教育之趣味者,皆能试为之。而其实不然,能永续之者殊少也。此监督者每周一度之巡视,亦有约之而间隔一周时,使前述保管者代理之者。而此等文库使用者之儿童团体,渐次增进读书趣味，通其利用法，至自己所欲研究之事项，亦请求种种必要之参考书，竟全同于成年人巡回文库及馆外贷出之利用，其后亦有变为一种研究俱乐部者。但当注意者，此文库，本为对于无直接利用图书馆便宜之地方而贷出之，以为俟有机会，即能直接利用普通图书馆之媒介诱致策，若在已得直接利用图书馆（特如儿童图书馆）之地方，而亦施行之者，有害无益也。

第二十二章　图书之检点及曝书

图书为图书馆最重要之财产,故于其保存,不可不费充分之注意。然图书馆之图书,全异于个人之藏书,以广被利用于馆内外,虽一瞬间亦不绝活动,是为原则。故任何不怠于出纳上之注意,特对于贷出,力图规则之励行,然经过稍长日月之间,终不免有些少之纷乱失踪等事,尤以开放书库,许阅览者自由接触函架之时为然,于是乎在其库中架橱之图书,有时时点检调查之必要矣。此图书之检点,当以在一定期间停止一切图书之出纳,假认其现在馆内,而后举行之为便。然此以实际属于难行之事,不得已,在闭锁阅览室时行之,为通例耳。若不能停止全部之阅览,在开馆时,逐次调查书库之各局部,亦可也。其法,一人按函架目录,一人视架橱上之现品,彼此相对照而进行之。若发见图书之不存在该当位置者,在豫准备之帐簿,记入之,最后会集,付诸二次之审查。此际第一当调查者,当然为馆外贷出之证票类,万一查核此等证票类,而察出图书之踪迹不分明者,转记之于踪迹不明簿。但曾一次载在此帐簿,而至一二年后,详其所在者,往往有之。然若其书有用。而从来出纳频繁者,须以适当之新本,(有复本之准备则其复本)作一时之补充为宜。当此点检之际,最多遇见之事件者,从分类号目等之不明,出纳生之误转其位置一事也。是虽极琐屑之事,然一次误转其位置,亘数月而所在不明,其间使阅览者失望之例不少。故虽为此等小事故,而亦见检点之大有必要也。惟是检点不能不

150

费许多之时间,与不少之烦劳,不能每年迢过一次而行之也。

使图书避去虫害及湿气等之手段,亦保存上之重要事件也。尤以我国图书,(本国纸者日本和纸亦然)被蠹虫之害者不少,有随于旧书类,一次投入害虫之馆内者,其迅速可怖之繁殖,至及于同一架橱之健全图书,直不知所底止。故非经加以格外之准备,则纵令比较的珍奇希罕之旧书类,而有虫损者,亦殊颇费踌躇于其收容。而驱除此害虫及湿气,自以秋季空气干燥之时,曝诸日光为佳。尚有害虫侵犯之图书,如古书类,当收容之际,以福而马林瓦斯,或二硫化碳素瓦斯薰蒸之,亦佳。若特别之贵重图书类,平素当以樟脑其他之驱虫剂,预防虫害。

参考　宋司马温公文史万余卷,置读书堂,晨夕取阅,虽累数十年,皆手若未触者,当语其子公休曰(中略)吾每岁以上伏及重阳间,视大气晴明,设几案于当日所,侧群书其上,以曝其脑,所以年月虽深,终不损动。(下略)

藏书纪要云,曝书须在伏天,照柜数,挨次晒,一柜一日,晒书用板四块,二尺阔,一丈五六尺长,高凳阁起,放日中,将书脑放上面,两面翻晒,不用收起,连板台风口凉透,方可上楼,遇雨,台板连书入屋内,阁起最便,摊书板上,须要早凉,恐汗手拏书,沾有痕迹,收放入柜亦然,亦须早,照柜门书单点进,不致错乱,偿有该装订之书,即记出书名,以便检点收拾,曝书秋初亦可。

第二十三章　图书之消毒及废弃

　　图书馆之图书。往往有触着病菌之虞者,此际当速行消毒之手续,馆内无此设备时,当送诸专业之消毒所。其曾入于病毒剧烈之传染病患者手中,事实分明者,不可不烧毁废弃该图书。如肠窒扶斯,猩红热等之病毒,往往介于图书,一年乃至数年之后,传播他处之例不少,故大要注意也。往昔欧美有以图书馆之图书,为传染诸种病毒之故,而排斥图书馆为有害于世者。诚不过一时之误解,至为明白。然当事者志之,不可无处置此万一有害之准备也。又馆藏之图书中,翻阅频繁,手泽之污染,甚于寻常者,当适宜排除,而以新本补充之。决勿为吝仅少之费用,而使公众厌忌图书馆之图书也。

第二十四章　今后图书馆之希望

吾为此书,竟之以此章,表示希望之所属,曰为欲使一般公众,抱有关于图书馆之概念,并为欲经营图书馆及从事此业务之人,给与必须之豫备智识者,本书之目的也。前述各章,亦既略尽之矣,今兹更进而丁宁表示,重言以明吾人之希望者如次。

第一对于图书馆经营者之希望。夫图书馆之有为于一般公众,泯灭一切诸阶级,俱得无遗漏普及效果。自非经营不得其道,断无无利泽之可言。须知图书馆之经营管理,纯然一种专门事业。其方法手段,种种多端,统一之不易,类为他业之所未见。世人不察,辄以为稍解文字者,无何等之豫习,无何等之经验,皆得从事斯业。从而选任失当,监督不得其宜。遂使图书馆不完其固有之作用,阻止其当然之活动,世俗方且常此以罪图书馆,疑其效用之何在,诚误之甚者矣。譬之河川,便灌溉,助排水,利通运,起动力,给饮水,调气候,楼鱼鳖,饶天然之胜景,皆其功利也。然若怠于修治之法,不能疏通,不讲防岸之策,而一任颓坏。一朝泛滥既至,以此归过河川,将谁不哂其偻。是故任图书馆之经营管理者,犹之河川之修治保护者也。治河需特殊之智识,与专门之才干,治图书馆亦然。我国图书馆学讲修之道未开,关于斯业公行之良书,亦殆无有。如是而欲望有经营图书馆适当之良材,其可得耶。兹有鉴于是,故作本书,以为斯业入门之一助。惟图书馆之业务,实验重于理论。故记述之所能,终属有限。欧美先进诸家中,稍有浩瀚之著作，殆尚未有能悉详细而称完备。何况本书区区之短简。所望得此书而存之者，知斯业之梗概，发见执务之指针，则岂弟本书之大幸而已哉。

第二对于图书馆利用者之希望。吾前不既一再言之乎，图书馆者民众的理想的大学校也。无老少贵贱贫富男女，入此而研修者，能得水平线上，平均发展智德之涵养。自客观方面而言，则实自应于世运之激荡而来，产出图书馆之必要，吾人处于可耻的受动的文明之勉进，不勉进，则死耳，灭亡耳。老子曰不得已，又曰强行者有志，子舆氏曰强为善，又曰强恕而行，求仁莫近焉。此皆吾古先民之所垂诏，实无始以来，迄今种因不断之本能也。又自主观方面而言，图书馆供人研修之图书，不越三大端之学术技艺，曰宗教，曰哲学，曰科学，其为书皆足以汗牛充栋，而以吾人有涯之生，求此无涯之知，则乌可以不有所自择耶。择之之道何由，曰因是已，何因乎尔，曰因乎世界人类学术之所倾向而已矣。宁为云鹏之颉颃。偕宇宙以周旋，勿为井蛙之拘囿，坐坎坎而深陷，此为学之大原则也。盖人类最始有宗教，浸淫乃有哲学，洎夫挽近世而有科学。然亦非宗教时代无哲学科学，哲学时代无宗教科学，科学时代无宗教哲学也。不过宗教时代，其哲学科学尚隐而未显。及哲学时代显现，与宗教时代复合进化，而后来居上，遂名曰哲学时代，其时科学亦尚隐而未显，及至科学，时代显现，而又与宗教哲学复合进化，此时亦后来居上，名之科学时代，后来之不可知，于今之世，则其时矣。故今世不能无宗教无哲学无科学，往古之世，简单进化，今世则成三合进化之复合进化矣。然而其间非无比例之差也，质言之，即所谓宗教不如哲学，哲学不如科学也。吾人之所因者此也，集五州之圣于一堂，斯言不易矣。大凡天下事物，必有复合性，同时又必有差别性，有复合性而无差别性，是无异群山而无主峰，则不秀也。故科学者近世学术之主峰也。欲一国学术之发达，乃至国利民福之可期，诚不可不致意于是矣。我国崇敬祖先，是亦宗教也，

154

而至今一切文艺学术，尚未能脱离其束缚。征诸汉刘安之言。

武王问太公曰，寡人伐纣天下，是臣杀其主而下伐其上也。吾恐后世之用兵不休，斗争不已，为之奈何。太公曰，甚善，王之问也。夫未得兽者，唯恐其创之小也。已得之，唯恐伤肉之多也。王若欲久持之，则塞民于兑，道全为无用之事，烦扰之教。彼皆乐其业，供其情，昭昭而道冥冥。于是乃去其臀而载之木，解其剑而带之笏。为三年之丧，令类不蕃。高辞卑让，使民不争。酒肉以通之，学瑟以娱之，鬼神以畏之，繁文滋礼以弇其质，厚葬久丧以亶其家，含珠鳞，施纶组以贫其财，深凿高垄以尽其力，家贫族少，虑患者贫。以此移风，可以持天下弗失。（淮南子道应训）

由是言之，则周人之设礼教，为已甚矣。以人为之造作，剥蚀天然之本能，至今斯民，余殃犹未艾也。当时圣哲孔子已深知之，故以三代为小康之治，而瞻望大同郅治，老子亦以礼为忠信之薄，而颂言道德民治，此可为宗教不如哲学之实例矣。汉唐已还之君长，皆有周秦人久持天下之意，而孔子之遗文，遂大为利用之武器。约略数之，则秦人烧民间之书，而藏之于史官，欲复三代之旧贯，卒以民智既开，终于失败。汉唐宋明遂出其不书焚而书自焚之狡策，第一次，汉人表章六经，罢黜百家，而开学术出于一孔之先声。尔时儒之内部，尚未一也。第二次，唐人作五经正义，而儒之内部，复出于一孔。第三次，宋人揭橥四书，而儒之内部又复出于一孔之一孔。及宋人四书为明清人利用，作制艺试题，而民智之锢蔽，已不可言喻矣。然而中庸固大哲学书也，八比亦参禅之代表也。虽未具足乎哲学之全量，而亦已得乎哲学之一班，顾其效果何如者，此亦可为哲学不如科学之实例矣。虽然，此其间有一物焉，为之枢纽者，则语言是也。不用现世语言而用古代语言，为愚民之唯一武器者，此殆非周秦人所能梦见，而实汉唐以下之新发明，同时又相承之旧衣钵也。凡经史百家诗古文词，乃至今之所谓国文科，皆古代语言也。此古代语言之熟练，聪颖者非经十年二十年之修养，（西

155

人习希腊拉丁文亦须如是长期间）不足以充分自由发挥思想，下此者更无论矣。诚如是也，一国中之真能读书者，有几人哉。此真汉唐以还，不焚书而书自焚之毒策也。凡宋明人语录，及宋元以来说部剧曲之若干部分，多为现世语言者。此现世语言之通晓，三家村牧童聪颖者，入私塾一年半载，中材以下四五年，皆不待师教而自能人手一编，津津不倦矣。诚如是也。天下之书，又不足读也。是故由前古代语言之难。则我国民智之所以至今犹晦育否塞也。由后现世语言之易，则近世号称主要文明国民智之开，皆由此术也。今也有舍世界共由之康庄大道而勿由，自非丧心狂易者不为也。故吾愿图书馆利用者，循成已成人之正训，发自度度人之宏愿，必希望乎科学之发展，而宗教哲学亦有所自托，而增大其范围。然所谓科学者，不过就日常事物，研究其定理定则，以成立一种学术，则日常行用之语言，为人类精神交通之最要机关，自当首先整理，以为各科学之关键枢纽。夫然后而学校教育乃至图书馆教育，庶皆有可言也夫。